충청남도

한국의 전통향토음식 5

충청남도

농촌진흥청 농업과학기술원
농촌자원개발연구소

(주)교 문 사

발간사

오천 년의 역사를 간직하고 있는 우리나라는 선조들의 혼이 깃들어 있는 세계에 자랑할 만한 우수한 전통문화를 가지고 있습니다. 국가 자산인 전통문화를 세계인의 문화 명품으로 발전시키기 위하여 정부에서는 '한(韓) 스타일 육성 종합 계획'을 수립하고 한식, 한복, 한옥, 한글, 한지, 한국음식 등 6가지 전통문화상품에 대한 육성 노력을 기울이고 있습니다. 이 중 농림수산식품부는 '한식' 육성에 관한 주무부처로 한국음식을 산업화 · 세계화함으로써 국가 이미지를 고양시키기 위한 정책을 추진하고 있습니다.

의식주문화 중 식생활문화는 쉽게 변하지 않는 특성을 가지고 있어서 그 민족의 문화를 측정하는 도구로 가치가 있다고 합니다. 우리나라는 선사시대부터 일찍이 농경을 시작하여 다양한 식품 재료를 이용한 음식문화가 발달했으며, 인접 국가인 중국, 일본과 차별화된 독특한 문화를 형성하였습니다. 또한 산맥이나 바다 등 지형적인 영향으로 지역마다 생산되는 특산물이 달라서 다양한 조리법과 맛을 지니고 있습니다. 외국인들에게 잘 알려진 김치의 종류도 수십 가지에 이르며, 같은 종류의 김치도 사용하는 젓갈이나 양념에 따라 다양한 맛을 냅니다. 최근 우리 음식은 영양학적 우수성과 기능성이 밝혀지면서 세계적으로 '건강식', '장수식'으로 인정받고 있으며, 새로운 가치창출을 위한 자원으로 부각되고 있습니다. 이처럼 독특하고 우수한 음식문화가 상품화 · 세계화를 위한 발판이 될 수 있으며, 관광 · 외식 등과 연계한 3차 산업으로 발전 가능성을 보여 줍니다.

그러나 사회가 발전하면서 다양하고 향토성이 짙은 우리의 음식문화가 빠르게 서구화되고, 이용하는 음식의 종류도 단순해지고 있습니다. 따라서 급변하는 식생활문화에 대응하고, 국가 자원인 '한식'을 세계화하기 위하여 사라지고 있는 전통향토음식의 조사 · 발굴 및 국가 차원의 통합자료화가 절실히 요구되고 있습니다.

농촌진흥청에서는 전통향토음식의 연구와 교육뿐만 아니라 지방자치단체의 농촌지도기관과 협력하여 지역의 전통향토음식을 계승 · 발전시키는 데 일익을 담당해 왔습니다. 이는 여전히 농촌은 식품 재료를 생산하고 전통향토음식을 이용하면서 조리법을 보유하고 있는 공간이기 때문입니다. 지금까지 농촌진흥청 및 농촌지도기관에서 몇 차례에 걸쳐 전통향토음식을 정리하여 책자로 발간하였으나, 통합자료화 및 전문가 검증이 미흡했던 아쉬움이 있었습니다.

이에 농촌진흥청 농업과학기술원 농촌자원개발연구소에서는 국가 산업자원으로 부각되고 있는 전통향토음식의 권리를 확보하고 세계화 기반을 구축하고자, 1999년부터 2005년까지 전국 9개 도의 전통향토음식에 대한 조사 · 발굴을 하였고, 2006년부터 2007년까지 지역성 및 역사성 검증, 자료의 표준화 등 학계의 검증을 받아 전통향토음식을 집대성한 10권의 책을 발간하게 되었습니다. 제1권 『상용음식』은 우리나라의 어느 지역에서나 일상적으로 먹는 음식을 수록하였고, 제2권부터는 각 도별 전통향토음식으로 행정구역상 9개 도로 구분하여 제2권 『서울 · 경기도』에서 제10권 『제주도』까지 전통향토음식을 수록하였습니다.

전통향토음식과 식생활문화에 대한 관심 고조로 그 가치가 재조명되는 시점에, 오랜 기간 동안 자료를 수집하여 우리의 전통향토음식을 총망라한 책을 발간하게 되어 기쁘게 생각합니다. 이 책이 농촌의 향토산업 활성화에 중요한 자료로 활용됨과 동시에 '가장 한국적인 음식이 가장 세계적인 음식' 으로 거듭나는 데 밑거름이 되고, 관련 분야 연구 및 교육에 활용되어 우리 식생활 문화 발전에 일조할 수 있기를 바랍니다.

이 책이 발간되기까지 현지조사 및 조리법 재현에 협조해 주신 농촌지도기관 생활지도직 공무원 및 향토음식연구회원들께 감사를 드립니다. 특별히 제5권 『충청남도』의 지역성 검증 및 자료 표준화에 참여해 주신 청운대학교 신승미 교수님과 감수를 위해 수고해 주신 대전보건대학 김상보 교수님, 전 농촌진흥청 농촌생활연구소 라순애 소장님께 감사드립니다. 연구결과물을 더욱 빛나게 제작 · 출판해 주신 ㈜교문사의 류제동 사장님과 관계자 여러분께도 감사의 마음을 전합니다.

2008년 5월

농촌진흥청 농업과학기술원 농촌자원개발연구소

소장 **조 순 재**

차 례

제 2 장　충청남도의 전통향토음식 종류와 만드는 방법　039

주식류

밥

죽

미음 · 범벅 · 응이

국수

떡국

부식류

국

찌개 · 전골

김 치

나 물

구 이

장아찌

젓갈 · 식해

장

떡류

떡

과정류

음청류

주류

忠清南道

제1부

전통향토음식

조사 · 발굴 및 표준화

1. 전통향토음식의 정의
2. 전통향토음식의 조사 · 발굴
3. 전통향토음식의 유형별 분류 기준
4. 전통향토음식 자료의 표준화
5. 전통향토음식의 지역성 검증
6. 고문헌을 통한 역사성 검증

제1부

전통향토음식의 조사 · 발굴 및 표준화

의식주는 한 국가나 민족의 특성을 나타내는 대표적인 문화양식이다. 그 중에서도 음식문화는 쉽게 변화하지 않는 성질이 있어서 본래의 모습이 잘 보존되어 있으므로 한 민족의 문화를 파악하기에 매우 적합한 것이라 하겠다. 음식문화는 지리, 기후, 풍토 등의 자연환경과 정치 · 경제 · 사회적 환경이 복합되어 문화권마다 서로 다르게 발달해 왔다. 우리나라에서도 해안가인지, 평야지인지 혹은 큰 산맥의 존재 여부 등에 따라 지역마다 독특한 음식문화가 형성되었다. 김치를 예로 들면, 경기도 지역은 국물을 넉넉히 넣고 젓갈을 적게 넣은 시원하고 심심한 백김치를 담그고, 경상도의 내륙 지방에서는 주변에서 쉽게 구할 수 있는 젓갈과 양념을 이용해서 젓갈김치와 콩잎김치를, 전라도에서는 젓갈과 양념을 많이 넣은 갓김치 등을 담근다.

전통향토음식의 중요성을 몇 가지 살펴보면, 첫째 생물다양성 유지를 위해 전통향토음식의 다양성이 유지되어야 한다는 점이다. 즉, 음식문화는 주변에서 쉽게 구할 수 있는 재료를 이용하여 발달하기 때문에 전통향토음식이 다양하면 다양한 생물자원이 자랄 수 있는 여건이 마련되는 것이다. 음식 자체가 획일화되어 민족음식이나 전통향토음식이 줄어든다면 식품재료로 이용하는 생물자원이 줄어들어 그 지역의 생물다양성은 감소될 수밖에 없기 때문이다. 1992년에 체결된 생물다양성협약(CBD : Convention on Biological Diversity) 제8조 j항에서는 생물다양성을 보존하기 위해 전통향토음식, 의약 등의 전통지식을 관리하고 활용하도록 권장하는 조항을 만들었다.

둘째, 전통향토음식은 새로운 부가가치 자원으로 활용되고 있으며, 다른 자원과 달리 자국(自國)만이 고유하게 보유하고 있어서 차별화가 가능한 독점적인 산업화 아이템이라는 점이다. 따라서 국제적으로 전통향토음식을 산업화하려는 노력들이 이루어지고 있다. 태국의 'kitchen of the world' 프로젝트는 정부에서 자국의 전통향토음식을 세계화하기 위한 사업으로, 전 세계에 태국음식점을 2007년까지 8,500개로 확대함으로써 전통향토음식의 식품재료와 조리기구 수출,

조리사 파견 등 파급 효과를 기대하는 전통향토음식 산업화의 대표적인 예라 하겠다.

셋째, 전통향토음식은 국가 이미지 제고에 중요한 역할을 한다. 사람들은 특정 지역이나 국가를 독특한 음식과 관련지어 연상하기도 하고, 반대로 맛있는 음식을 먹을 때 특정 지역을 연상하기도 한다. 김치의 경우 세계적인 음식으로 발전하여 외국인들은 김치하면 한국을 떠올리게 된다. 또한 2006년 미국의 건강전문잡지 월간 '헬스' 가 선정한 세계 5대 건강식품 중 하나로 김치가 선정된 것과 같이 김치는 우리나라의 국제적인 이미지를 높이는 데 기여하고 있다.

이처럼 중요한 의미를 갖는 전통향토음식은 최근 전 세계가 급속도로 가까워지면서 지역성·고유성이 없이 획일화되어 가는 경향을 보이고 있다. 우리의 식탁에서도 일상적으로 먹고 있는 음식의 재료나 종수가 몇 가지 품목으로 한정되어 가고 있는데, 이러한 추세가 지속되면 전통향토음식이 서서히 잊혀지고 우리 음식문화의 정체성 또한 잃어버리게 될 것이다. 따라서 전통향토음식을 만들어 먹던 세대가 현존해 있을 때 전통향토음식을 조사·발굴하고 목록화하는 일이 시급히 요청된다고 하겠다. 또한 지금까지 전통향토음식은 단순히 문화의 일부로만 여겨져 왔으며 자원으로서의 인식은 부족하였다. 그러나 오늘날의 시대적 흐름에 따라 전통향토식품(음식)은 국가의 소중한 자원으로 관리되어야 하므로 전통향토음식을 통합적으로 관리하는 방안이 모색되어야 한다. 이는 전통향토음식의 권리를 확보하고 상품성 증진 및 세계화를 위한 기반이 되며, 우리 민족이 보유한 독특한 자산을 계승·발전시키는 가장 우선적이고 필수적인 과정이라 할 것이다.

1. 전통향토음식의 정의

'예부터 전하여 온 음식' 에 관하여 전통음식, 향토음식, 민속음식, 토착음식 등의 다양한 명칭이 혼용되고 있다. 가장 많이 쓰이는 명칭은 '전통음식' 으로, 전통음식의 사전적 정의는 한 지역에 전래된 음식 중 해당 지역 사람들이 그 가치를 높이 평가하여 선호하는 음식이라는 것이며, 여기서 지역 사람들이 가치를 부여하였다고 하기 위해서는 특정 연령층, 특정 계층 등 일부의 사람들만이 아닌 지역 전체의 다수가 최소 한 세기, 100년에 걸쳐 선호된 것이어야 한다. 다수의 사람들이 3세대에 해당하는 한 세기 이상 선호하고 있다면 전통음식으로서 가치가 있다는 확고한 증거가 되기 때문이다(신애숙, 2000). 또한 쉴즈(Shils, 1992)는 전통은 최소한 3세대가 지속되어야 한다고 주장하였고, 버크(Burke, 1978)는 한 세대에서 다른 세대로 전달되는 데 적은 부분만 변하고 그 본질과 눈으로 볼 수 있는 정체가 남아 있는 것이 전통이라고 정의하였다.

한억(1996)은 전통음식이란 한국에서 대략 1세기 이전부터 일상생활, 궁중, 통과의례, 세시풍속 등을 통한 고유의 역사적 배경과 문화적 특질을 지니면서 지역 특성에 맞게 전승되어 현존하는 음식문화로서 한국인의 식생활에 유익하도록 합리적으로 재창조해 오는 음식문화의 총칭이라고 하였다. 또한 전통음식은 시간성, 공간성, 의례성, 외래성, 변형성 등의 특성을 가지고 있으며 이들이 하나의 유기적인 문화복합체로서 입체적으로 형성되고 요인 간의 상호 관련성이 복잡하게 작용하고 있다고 하였다.

전통음식 다음으로 널리 사용되는 전래음식에 대한 용어가 바로 향토음식이다. 향토음식의 경우 전통음식과 같이 다수의 주민에 의하여 한 세기 이상 선호되지는 못하였지만 특정 지역 주민에 의하여 지속적으로 선호되는 음식을 말하며(신애숙, 2000), 지역 특산물을 이용하여 그 지역의 독특한 전래 조리법에 의하여 만든, 지역 주민이 선호하는 음식이라고 정의할 수 있는데, 이 또한 고정적인 것이 아니라 시대에 따라 달라지는 것이다(두산세계대백과사전, 1999). 한억(1996)은 향토음식을 지역 특산물을 이용하여(공간성) 그 지역에서 고유하게 전승되어 온 비법으로 조리하거나(고유성) 또는 그 지역의 문화적 이벤트를 통해서 발달된 음식(의례성)이라고 하였다. 이러한 점에서 전통음식에서 강조되는 오랜 생명력을 지녀 '현존하는 과거' 로서의 시간적 개념보다는 지역 공간의 수평적 개념을 바탕으로 끊임없이 생성되고 소멸되는 과정을 거치면서 형성된 음식으로 보아야 할 것이며, 주변 지역의 음식과 분명한 차별성이 나타나는 특징이 있다고 하였다.

문헌에 정리된 향토음식의 정의를 요약해 보면 다음과 같다. 첫째, 향토음식은 그 지방에서 주로 많이 생산되는 특산물 혹은 그 지역에서 생산된 재료를 사용하여 그 지역에서 고유하게 전승되어 온 비법으로 조리하거나 또는 그 지역의 문화적 행사를 통해 발달한 음식으로, 타 지역에서는 그와 같은 음식을 쉽게 찾아 볼 수 없는 것으로 정의된다(윤숙경, 1994). 둘째, 향토음식은 타 지역에서 공급받은 재료라도 우리 지역에 적합한 조리법 또는 우리 지역 특정인의 고유한 조리법으로 만든 음식을 말한다(김복일 · 오영준, 1998). 셋째, 향토음식은 각지 어디에서나 있는 보편적인 재료라도 우리 지역의 생활형태나 기후풍토 등의 지역적 특성이 바탕이 된 특유의 조리법이나 가공기술을 이용하여 만든 음식이다. 넷째, 세시 풍속이나 통과의례 시 우리 지방에서 조상들이 만들어 유명해진 음식도 향토음식의 범주에 들어간다(진양호 외, 2001). 다섯째, 옛날부터 그 지방 행사와 관련하여 만든 음식으로 오늘날까지 전해져 오는 음식이다(윤은숙 외, 1995 ; 한국관광공사, 1993). 즉, 향토음식은 그 지방의 재료로 그 지방의 조리법으로 조리하여 타 지방과 차별화된 음식이라 할 수 있겠다(민계홍, 2003 ; 이선호 · 박영배, 2002 ; 신애숙, 2000). 또한 향토음식은 그 지방 사람들의 사고방식과 생활양식을 반영하며 각종 문화행사를 바탕으로 발달하는 특성을 지니고 있다고 하겠다(김복일 · 오영준, 1998).

위에서 전통음식과 향토음식의 개념 사이에 중복된 의미와 상호연관성이 있음을 알 수 있다. 손영진(2004)은 한국음식에 있어서 향토음식은 전통음식의 뿌리이자 모체라고 설명하였다. 한국음식의 특징은 뚜렷한 지역적 특성과 공간성, 고유성, 의례성 등 수평적 공간축 형성을 바탕으로 한 향토음식과 이러한 향토음식이 수직적 시간축 형성을 이루어 가는 전통음식을 떼어서 생각할 수 없고, 또한 전통음식에서 향토음식을 배제하여 생각할 수 없는 유기적인 관계로 파악되고 있으며, 이들은 상호 개념적으로 유사하지만 다른 측면에서는 구분된 구조를 갖고 있다. 한억(1996)에 따르면 향토음식은 전통음식의 뿌리에 해당하는 가장 기본적인 음식 형태로 오히려 새로운 문화 변동에 대한 포용성을 지닌 모체로서의 성질을 가지며, 향토음식이 점차 시간이 흐르면서 '전통'의 성질을 갖게 되어 전통향토음식이 되는 것이라고 하였다. 또한 고범석 · 강석우(2004)에 의하면 전통이라는 용어가 토속, 향토를 아우르는 상위어로 사용되는데, 예컨대 전라남도 지역만을 지칭할 경우에는 향토문화, 향토음식과 같이 향토란 단어를 쓰는 것이 적절하다. 그러나 대한민국 전체를 아우를 때는 향토가 아닌 전통이라는 표현이 맞으므로 김치를 대한민국 향토음식이라고 하지 않고 대한민국 전통음식이라 한다고 하였다. 표 1에는 이미 보고된 향토음식과 전통음식의 정의에 관하여 몇 가지를 비교 제시하였다.

앞의 내용을 정리하여 보면 향토음식은 전통음식의 뿌리요, 모체이다. 즉, 한국음식에서는 전통음식을 떼어서 생각할 수 없고 전통음식에서 향토음식을 배제하여 생각할 수 없는 유기적인 관계로 파악되며 개념적으로는 유사하나 구분되는 구조가 내재되어 있다. 향토음식이 시간적으로 일정기간(3세대, 100년)을 경과하여 역사성을 갖게 되면 전통음식으로 불리게 되므로, 미래의 전통음식이라 할 수 있는 향토음식과 현재의 전통음식을 동시에 정리하는 것이 국가자원의 관리 측면에서 유익할 것으로 생각되어 이들 모두를 포함한 개념으로 '전통향토음식'이라는 용어를 사용하고자 한다. 전통향토음식의 정의는 "향토음식이거나 전통음식(향토음식 또는 전통음식)인 것으로 우리가 계승 · 발전시켜야 할 우리의 음식"으로 설명할 수 있다.

전통향토음식으로 정의한 음식은 다음과 같은 기준에 의하여 선정하였다. 100년 이상의 전통을 가진 음식으로 지금까지 이용되어 온 음식, 혹은 과거에 이용되었으나 지금은 사라진 음식, 외국에서 도입되었으나 우리 음식으로 인지되고 있는 음식, 향토음식 등으로 한정하였다. 다만, 이와 같은 음식들 중 외래어가 사용된 음식은 제외하였고 우리의 고유 명칭으로 불려 온 음식, 고유의 조리법을 활용한 음식으로 선정하였다.

표 1 전통음식과 향토음식의 정의

전통음식	향토음식	참고문헌
한국에서 대략 1세기 이전부터 일상생활, 궁중, 통과의례, 세시풍속 등을 통한 고유의 역사적 배경과 문화적 특질을 지니면서 지역 특성에 맞게 전승되어 현존하는 음식문화로서 한국인의 식생활에 유익하도록 합리적으로 재창조해 오는 음식문화의 총칭임(시간성, 공간성, 의례성, 외래성, 변형성)	• 그 지역의 특산물을 이용하거나(공간성) 그 지역에서 고유하게 전승되어 온 비법으로 조리하거나(고유성) 또는 그 지역의 문화적 이벤트를 통해서 발달된 음식(의례성) • 시간적 개념보다는 지역 공간의 수평적 개념을 바탕으로 끊임없이 생성되고 소멸되는 과정을 거치면서 형성된 음식으로 주변 지역의 음식과 분명한 차별성이 나타나는 특징이 있음	한억, 1996
음식문화 가운데 유형적인 측면이나 무형적인 측면 중 어느 한 가지는 개화기 이전의 것이어야 함. 개화기 이전 전통사회에서 사용된 음식과 개화기 이후 외국에서 전래된 식품들이 지금까지 사용된 우리의 식품재료와 함께 섞여 만들어지거나 혹은 우리의 전통적 방법으로 조리되어 변형된 음식		김성미, 2000
지역의 특산물을 이용하여 그 지역의 독특한 조리법에 의하여 만든 지역 다수의 주민이 한 세기(3세대) 이상 선호하여 오고 있는 음식	지역특산물을 이용하여 그 지역의 독특한 전래 조리법에 의하여 만든 지역 주민이 선호하는 음식	신애숙, 2000
예부터 전하여 내려 오는 음식으로 오랫동안 한 지역에서 먹어 온 음식. 전통음식은 절기식, 시식과 통과의례 음식이 있으며, 왕실, 반가의 화려했던 궁중음식 등이 있음		한재숙 외, 2000
궁중음식, 반가음식, 민속음식으로 대별되는 음식으로 전통적으로 전해 내려 온 음식을 의미함. 조선왕조 500년 역사 속에서 꽃피어난 왕실 반가의 화려했던 궁중음식과 일반 서민의 소박한 서민음식으로 그 고장에서 특색 있게 지켜져 내려 오는 향토음식을 모두 일컬음	• 지역에서 생산되는 재료를 그 지역의 조리법으로 조리하여 과거로부터 그 지역 사람들이 먹어 온 것으로 현재에도 그 지방 사람들이 먹고 있는 것(전통음식보다 협의의 개념) • 특산재료, 지역적 특성 반영, 지역민의 문화와 연계	이효지, 2002 민계홍, 2003
향토음식이 쌓여 나가면서 전통음식으로 자리잡아가는 수직적인 시간축을 이룸(수직적 의미)	지역 특산물을 이용하거나 그 지역에서 고유하게 전승되어 온 비법으로 조리하고 또는 그 지역의 문화적 행사를 통하여 발달된 음식(지역성, 공간성, 고유성, 의례성 – 수평적 의미)	손영진, 2004
	특산물을 타 지역에서 생산된 재료로 독특한 조리법, 흔한 재료와 특유의 조리법과 차별화된 가공기술, 지방행사와 관련된 음식	이승진, 2005
	향토식품 또는 향토음식은 그 지역의 역사 · 문화적 전통이나 특색을 담고 있을 때 그 의미와 가치가 발현됨. 향토식품은 어떤 지역의 자연 · 지리적 조건, 역사적 경험, 문화적 특성이 어우러지면서 다른 지역의 식품과 구별되는 의미를 가짐	배영동, 2006

2. 전통향토음식의 조사 · 발굴

【조사대상 및 시기】

1999년부터 2005년까지 농촌진흥청 농업과학기술원 농촌자원개발연구소에서 경기, 강원, 충북, 충남, 전북, 전남, 경북, 경남, 제주 등 9개 지역을 대상으로 전통향토음식의 조사 · 발굴을 추진하였다. 조사 · 발굴과정에서 각도 농업기술원 및 시군 농업기술센터의 식생활지도를 담당하고 있는 생활지도사의 협조로 전통향토음식의 정보 수집 및 조리법 재현이 이루어졌다. 연도별 및 지역별 조사 · 발굴과정을 살펴보면, 1999년에는 경기도 지역을 대상으로 이건순 교수(당시 농촌자원개발연구소 농업연구관, 현 한국농업대학 교수)와 이효지 교수(당시 한양대학교 교수, 현 한양대학교 명예교수) 중심의 한 연구팀이 자료 조사 및 현지 조사 · 발굴을 수행하였으며, 2000년에는 강원도 지역을 대상으로 이건순 교수와 한복진 교수(당시 한림정보산업대학 교수, 현 전주대학교 교수) 중심의 한 연구팀이 자료 조사 및 현지 조사를 수행하였다. 2001년에는 충청남북도 2개도를, 2002년에는 전라북도를 대상으로 이건순 교수 연구팀이 도별 자료를 조사 · 발굴하였다. 2003~2004년까지는 김행란 농업연구관 연구팀이 전라남도와 경상북도를 대상으로 매년 1개도씩 조사 · 발굴하였고, 2005년에는 경상남도와 제주도 등 2개도를 동시에 조사 · 발굴하였다. 서울, 부산, 대구, 인천, 광주, 대전, 울산 등 특별 · 광역시의 경우 시를 포함하고 있는 도와 함께 조사하였다(예 : 서울, 인천은 경기 지역 조사에 포함).

【조사방법】

문헌을 통한 자료 수집

본 조사에 사용한 문헌으로는 전통음식 또는 향토음식에 관한 자료로, 논문 및 학회지, 단행본, 향토문화지, 전국 시군 및 농촌진흥기관에서 발간한 향토음식 책, 팸플릿, 리플릿, 인터넷 자료 등을 이용하여 자료를 수집하고 정리하였다.

설문지를 통한 자료 수집

전국 시군 농업기술센터를 통하여 전통향토음식에 관심이 있는 전문가, 일반인, 전통향토음식 관련 조직(전통음식연구회, 우리음식연구회, 향토음식연구회)과 생활개선회원 중 해당 지역 출신자를 대상으로 지역에서 먹는 일상음식, 추억의 음식, 지역의 추천음식 등을 기록하도록 하여 자료를 수집하였다.

표 2 전통향토음식 조사자료 양식

음식명		분 류			키워드	조리방법		자료 출처			비 고
음식명 1	음식명 2	대분류	중분류	소분류	키워드	재 료	만드는 법	관련 문헌	관련 시군	정보 제공자	비 고
표준어 기재	방언, 사투리					재 료	조리, 가공법	책, 논문 등	문헌 및 정보제공자 해당 시군	이름, 주소	음식의 특징 및 유래

현지답사를 통한 발굴 및 조리법 재현

자료에 의한 지역음식을 정리한 후 조리방법이 미흡하거나 발굴 필요성이 있는 음식, 잊혀져 가는 음식 등에 대하여 시군 농업기술센터의 협조를 받아 현지답사를 하였다. 현지답사는 먼저 면담 조사과정을 거친 후 문헌에 없는 것이나, 문헌에 있다고 해도 음식명만 기록된 것 또는 너무 간단하게 기록되어 재료나 만드는 방법을 정확하게 알 수 없는 것, 시각자료화가 필요한 것 등은 직접 조리하여 시연하도록 하였다. 조리 시연을 통하여 재료와 양을 계량하고 만드는 과정을 정확히 기록하였으며 사진, 슬라이드, 비디오 등으로 촬영하였다.

【자료의 정리】

모든 자료는 엑셀 프로그램(excel program)을 이용하여 표 2와 같이 정리하였다. 음식명은 1과 2로 나누어 1은 표준어로 된 음식명을 기재하였고 2는 방언(사투리)에 의한 음식명을 기재하였다. 분류는 대분류, 중분류, 소분류로 정리하였으며, 추후 검색 기능을 갖기 위하여 음식에 대한 키워드를 입력하였다. 조리방법에는 재료와 조리방법을, 자료 출처에는 관련 문헌, 관련 시군, 정보제공자 등을 기록하였고 비고에 해당음식의 특징 및 유래 등을 기록하였다.

【자료의 표준화】

정리된 자료의 표준화를 위하여 2006~2007년에 『한국의 전통향토음식』 발간을 위한 전문가위원회를 내 · 외부 전문가 13인으로 구성 · 운영하였다. 위원 중 위원장 및 지역별 전문가를 별도로 선정하였는데, 위원장은 전주대학교 서혜경 교수로 위촉하였고 지역별 전문가로서 경기 지역의 손정우 교수(배화여자대학), 강원 지역의 윤덕인 교수(관동대학교), 충청 지역의 신승미 교수(청운대학교), 경상 지역의 김상애 교수(신라대학교), 전라 및 제주 지역의 서혜경 교수(전주대학교)로 구성하였다. 2년간 6차례의 전문가위원회 협의회를 통하여 용어 정의, 분류체계 설정, 지역성 및 역사성 검증안 마련, 책자 작성방법 및 자료의 표준화 기준을 선정하였다. 이를 근거로 조사 · 발굴된 전통향토음식 자료의 표준화 기준을 정하였다.

3. 전통향토음식의 유형별 분류 기준

한국의 전통향토음식을 분류하는 기준에는 여러 가지 방안이 제시될 수 있다. 조선시대 조리서의 분류법은 주로 재료별 분류법(『음식디미방』(1670년경), 『산림경제』(1715년), 『조선요리』(1940년))과 조리기법별 분류법(『시의전서』(1800년대 말), 『조선요리제법』(1930년대), 『조선요리법』(1938년))으로 되어 있으며 『임원십육지』(1827년경)는 조리기법별 분류 속에 재료별로 정리하고 있다(이성우, 1981). 그 외 『요록』(1680년경), 『주방문』(1600년대 말), 『민천집설』(1752년, 1822년) 등은 분류항목이 없거나 세우지 않고 있다(한억, 1996).

현대에는 제조방법별 분류에 따라 발효음식, 절임음식, 건조음식 등으로, 재료에 따라 농산물, 축산물, 수산물 등으로, 지역에 따라 전통음식 470개 품목을 팔도로 나누어 분류하였다(염초애 외, 1992). 또한 한국음식을 용도별로 분류한 후 조리법의 형태로 분류하여 주식류에는 밥, 죽, 국수와 만두 및 떡국류로 분류하고 부식류에는 국 · 탕, 찌개 · 조치, 전골 · 볶음, 찜 · 선, 생채 · 나물, 조림 · 초, 구이, 적 · 전, 마른반찬, 편육 · 족 · 묵, 회 · 숙회, 장아찌, 김치, 젓갈 · 식해로 분류하고 후식류에는 차 · 화채, 떡 · 한과를 분류하기도 하였고(윤덕인, 2005 ; 이효지, 2002) 나물류를 숙채, 생채, 잡채, 기타로 구분하기도 하였다(강인희, 1987).

본 서에서 음식 분류는 윤서석(1984, 1991)의 한국음식에 대한 분류를 기준으로 하였고 강인희(1987)와 황혜성 외(2000), 이효지(2002)의 분류를 참조하였다. 대분류, 중분류, 세분류는 음식유형별로 분류하였고, 세세분류는 재료별로 분류하였다. 그 결과 대분류를 주식류, 부식류, 떡류, 과정류, 음청류, 주류 등 6항목, 중분류를 밥, 죽, 미음 · 범벅 · 응이 등 55항목, 세분류를 43항목, 세세분류를 119항목으로 나누었다. 본 서의 수록방법은 주식류, 부식류, 과정류는 중분류를 기준으로 작성하였고, 떡류, 음청류, 주류는 대분류를 기준으로 작성하였다. 다만, 부식류 중 나물류에 한하여 세분류까지 나누어 표기하였다. 표 3에 음식유형별 분류표를 제시하였고, 표 4에 분류에 대한 정의를 나타냈다.

표 3 음식유형별 분류표

대분류	중분류	세분류	세세분류
주식류	밥		쌀밥, 잡곡 및 견과류밥, 채소밥, 해조류밥, 비빔밥, 기타
	죽		쌀죽, 쌀과 기타 곡류 및 견과류를 섞어 쑨 죽, 육류죽, 어패류죽, 채소죽, 약재죽, 기타죽
	미음 · 범벅 · 응이	미음, 범벅, 응이	
	국수 · 수제비	국수, 수제비	
	만 두		
	떡 국		
	기 타		
부식류	국	맑은국	육류, 어패류, 채소류, 해조류, 알류, 기타
		토장국	육류, 어패류, 채소류, 해조류, 기타
		곰국	육류, 어패류, 기타
		냉국	육류, 어패류, 채소류, 기타
	찌개 · 전골	찌개	육류, 어패류, 채소류, 기타
		전골	육류, 어패류, 채소류, 기타
	김 치		배추류, 무류, 기타 엽채류, 기타 근채류, 과채류, 해조류, 기타
	나 물	생채, 숙채, 기타	
	구 이		육류, 어패류, 채소류, 기타
	조림 · 지짐이	조림	육류, 어패류, 채소류, 기타
		지짐이	육류, 어패류, 채소류, 기타
	볶음 · 초		육류, 어패류, 채소류, 해조류, 곡류 및 두류, 기타
	전 · 적	전	육류, 어패류, 채소류, 해조류, 기타
		누름적 (산적)	육류, 어패류, 채소류, 해조류, 기타
	찜 · 선	찜	육류, 어패류, 채소류, 알류, 기타
		선	어패류, 채소류, 기타
	회	생회	육류, 어패류, 해조류, 기타
		숙회	어패류, 채소류, 해조류, 기타
		초회	어패류, 채소류, 해조류, 기타
		무침	어패류, 채소류, 해조류, 기타
		강회	어패류, 채소류, 해조류, 기타
		물회	어패류, 기타
	마른반찬	부각	채소류, 해조류, 기타
		자반	어패류, 해조류, 기타
		튀각	해조류, 기타
		포	육류, 어패류
	순대 · 편육 · 족편	순대, 편육, 족편	
	묵 · 두부	묵, 두부	
	쌈	생쌈, 숙쌈	

대분류	중분류	세분류	세세분류
부식류	장아찌		소금물에 담근 것, 간장에 담근 것, 된장에 담근 것, 고추장에 담근 것, 기타
	젓갈 · 식해	젓갈, 식해	
	장	된장류, 고추장류, 간장류, 기타류	
	식 초		
	기 타		
떡 류	찐 떡		
	친 떡		
	지진 떡		
	삶은 떡(경단류)		
	기 타		
과정류	유밀과		
	유 과		
	다 식		
	정 과		
	과 편		
	숙실과		
	엿강정		
	당(엿)		
	기 타		
음청류	차		
	탕		
	장		
	갈 수		
	숙 수		
	화 채		
	미 수		
	식 혜		
	수정과		
	즙		
	수 단		
	기 타		
주 류	약주 · 탁주		
	증류주		
	기 타		

표 4 음식분류에 대한 정의

대분류	중분류	정 의
주식류	밥	곡물에 물을 약 1.2~1.5배 붓고 가열하여 전분이 호화상태로 되게 만든 음식으로 쌀만을 이용한 밥이 대표적임. 쌀에 잡곡 또는 견과류를 넣어 짓는 잡곡 및 견과류밥, 채소류를 넣어 짓는 채소밥, 해조류를 넣어 짓는 해조류밥, 밥을 지은 후 다양한 식품 재료를 섞는 비빔밥 등으로 구분됨
	죽	쌀, 보리, 조 등에 물을 6~7배 가량 붓고, 오래 끓여서 쌀알의 전분이 완전 호화되게 한 유동식 상태의 음식. 쌀만을 이용한 죽, 쌀에 기타 곡류와 견과류를 섞어 쑨 죽, 육류를 섞어 쑨 죽, 어패류를 섞어 쑨 죽, 채소를 섞어 쑨 죽, 약재를 섞어 쑨 죽 등으로 구분되며 기타 죽으로 유제품을 섞어 쑨 죽 등이 있음
	미음 · 범벅 · 응이	• 미음 : 곡류에 물을 많이 붓고(10배 이상) 푹 고아서 체에 밭쳐 국물만 마시는 유동식 • 범벅 : 옥수수, 호박, 감자 등을 주재료로 하고, 팥이나 콩을 함께 넣어 익혀서 먹거나 또는 곡식가루를 넣어 쑨 음식 • 응이 : 곡물을 갈아서 앙금을 만들어 말려 두었다가 이것을 이용하여 쑨 죽. 주로 오미자나 향미식품 즙액을 섞어서 충분하게 가열하여 걸죽하게 만든 것으로 유동식의 하나임. 의이(薏苡)라고도 함
	국수 · 수제비	• 국수 : 메밀가루, 밀가루, 감자가루 등을 주재료로 하여 반죽한 후 면대를 만들어 가늘게 썰거나, 반죽을 국수틀에 넣어 가늘게 뽑은 후 국물에 말거나 또는 비벼 먹는 음식. 국수의 종류는 재료별로 녹말국수, 메밀국수, 밀국수 등이 있고, 조리법에 따라 국수장국(온면), 냉면, 비빔국수(골동면), 칼국수, 제물국수, 건진국수 등이 있음 • 수제비 : 밀가루 반죽을 국수보다 질게 하여, 맑은장국에 손으로 자연스러운 모양으로 얇고 편편하게 떠 넣어 끓인 것. 장국으로는 고기맑은장국, 멸치맑은장국 등이 쓰이며, 지역에 따라 닭을 고아 끓인 미역국에 넣어 끓이기도 함
	만 두	밀가루, 메밀가루 또는 채소(배추, 동아), 얇게 저민 생선살을 껍질로 하고, 쇠고기, 닭고기, 두부, 숙주 등의 소를 넣고 빚은 음식. 조리법은 삶거나, 찌거나, 지지기도 하고, 끓는 육수나 장국 등에 넣어 끓이기도 함. 만두를 싸는 재료와 소의 재료, 빚는 모양에 따라 구분되어 불림
	떡 국	쌀가루를 쪄서 절구에 친 후 가래를 지은 것을 흰떡이라고 하며, 이것을 타원형으로 어슷하고 얇게 썰어 국물에 넣어 끓인 음식. 예전에는 떡국을 끓일 때 국물 재료로 꿩고기를 사용하였으나, 지금은 쇠고기나 닭고기를 사용하고 지역에 따라 굴, 멸치 등의 해산물을 이용하기도 함. 웃고명으로는 고기 볶은 것, 달걀지단, 파 등을 얹음. 개성 지방에서는 떡을 조랭이떡으로 빚어서 조랭이떡국을 끓임
	기 타	주식류에 포함되지만 위의 어느 중분류에도 속하지 않는 음식
부식류	국	육류, 어패류, 채소류, 해조류 등에 물을 넣어 끓임으로써 국물에 재료의 맛이 우러나도록 조리한 것. 조리방법에 따라 맑은장국, 토장국, 곰국 및 탕, 냉국 등으로 나눌 수 있음 • 맑은장국 : 물이나 양지머리국물(육수)에 맑은 국간장으로 간을 맞추어 여러 가지 건더기를 넣고 끓인 국 • 토장국 : 쌀뜨물에 된장이나 고추장으로 간을 맞추어 여러 가지 건더기를 넣고 끓인 국 • 곰국 : 육류의 여러 부위를 푹 고아서 소금으로 간을 맞춘 국 • 냉국 : 끓여서 차게 식힌 물에 맑은 국간장으로 간을 맞추어 끓이지 않고 날로 먹을 수 있는 건더기를 넣어 차게 해서 먹는 국
	찌개 · 전골	• 찌개 : 일명 조치. 국보다 국물을 적게 끓인 국물음식으로서 건더기와 국물을 반반 정도로 끓이는 음식. 간은 국보다 좀 센 편이고, 간을 맞추는 주재료에 따라 된장찌개, 고추장찌개, 젓국찌개 등으로 나뉨 • 전골 : 육류, 어패류, 채소류 등을 색 맞추어 담고 육수를 부어 즉석에서 끓이는 음식
	김 치	채소류와 해조류를 소금에 절이고 고추, 파, 마늘, 생강 등의 갖은 양념과 젓갈을 넣어 버무려 발효시킨 음식. 김치류는 주재료에 따라 배추, 무, 엽채류, 근채류, 과채류, 해조류 등을 이용한 김치로 분류됨

대분류	중분류	정 의
부식류	나 물	• 생채 : 채소를 날것대로, 혹은 소금에 절여 양념에 무친 것, 무치는 양념에 따라 고춧가루, 간장, 참기름, 다진 파, 마늘, 설탕, 식초 등으로 무친 것, 초간장에 무친 것, 겨자즙에 무친 것, 호두나 실백즙에 무친 것 등으로 나뉨 • 숙채 : 채소를 데쳐서 양념에 무치거나, 식용유에 볶으면서 양념을 한 것으로 나뉨 • 기타 : 생채와 숙채에 속하지 않는 음식으로 육류와 채소 등 여러 가지 재료를 섞어서 만드는 잡채, 탕평채 등의 음식
	구 이	육류, 어패류나 더덕과 같은 식물성 식품 재료에 소금간 또는 갖은 양념을 하여 불에 구운 음식으로 너비아니, 생선구이, 더덕구이 등이 있음
	조림 · 지짐이	• 조림 : 육류, 어패류, 채소류 등의 재료에 간을 약간 세게 하여 재료에 간이 충분히 스며들도록 약한 불에서 오래 익히는 음식. 조림의 간은 주로 간장으로 하나 고등어, 꽁치같이 살이 붉고 비린내가 강한 생선은 간장에 된장, 고추장을 섞어서 조림 • 지짐이 : 지짐이는 찌개와 조림의 중간쯤에 놓일 수 있는 음식으로서 찌개보다는 국물이 적고 조림보다는 국물이 많게 조리한 음식임. 대체로 일반 어패류가 많이 쓰이며, 때로 전을 부친 것에 국물을 조금 넣고 지짐 음식으로 하는 경우도 있음
	볶음 · 초	• 볶음 : 육류, 어패류, 채소류, 해조류, 곡류 및 두류 등을 손질하여 기름에 볶은 음식의 총칭. 볶음음식은 대체로 200°C 이상의 고온에서 재료를 볶아야 물기가 흐르지 않으며, 기름에만 볶는 것과 볶다가 간장, 설탕 등으로 조미하는 것 등이 있음 • 초 : 볶음음식의 하나로서 전복초, 홍합초와 같이 간장, 설탕, 기름으로 국물이 없게 바싹 조린 음식
	전 · 누름적 (산적)	• 전 : 육류, 어패류, 채소류, 해조류 등의 재료를 다지거나 얇게 저며서 소금, 후춧가루로 간을 하고 밀가루를 바른 다음 달걀을 씌워 양면을 기름에 지진 음식. 전유어, 전유화, 저냐라고도 함 • 누름적(산적) : 육류, 어패류, 채소류, 해조류를 가늘고(1cm 정도), 길게(8~10cm 정도) 잘라서 꼬챙이에 색을 맞추어 꿰어 밀가루를 묻히고 달걀을 풀어 씌워 프라이팬에서 전 부치듯이 지진 음식의 총칭임. 밀가루 갠 것만 묻혀서 부치는 경우도 있고, 간을 소금 대신 장류로 하는 경우도 있음. 일명 누르미라고도 함
	찜 · 선	• 찜 : 재료를 큼직하게 썰어 갖은 양념을 하여 물을 붓고 오랫동안 끓여서 푹 익혀 재료의 맛이 충분히 우러나고 약간의 국물이 어울리도록 한 음식임. 주로 육류와 어패류 등 동물성 식품을 주재료로 하고 채소류, 알류 등을 부재료로 함. 김을 올려서 찌거나 또는 중탕으로 익히기도 하고, 수증기와 관계없이 그냥 즙이 바특하게 남을 정도까지 삶아서 익히는 방법도 있음 • 선 : 오이, 가지, 호박, 두부와 같은 재료에 소를 넣고 살짝 쪄서 초간장에 찍어 먹는 음식
	회	• 생회 : 육류, 어패류, 해조류를 날것으로 먹는 음식으로 재료를 얇게 포 뜨거나 가늘게 썰어 초고추장, 겨자장 또는 소금, 후춧가루에 찍어 먹는 음식 • 숙회 : 어패류, 채소류, 해조류를 살짝 익혀 만든 회음식 • 초회 : 어패류, 채소류, 해조류 등을 식초와 간장(또는 소금)으로 살짝 간을 하여 만든 회음식 • 무침 : 어패류, 채소류, 해조류 등을 고추장이나 양념에 무친 회음식 • 강회 : 회의 재료를 미나리, 실파 등의 가는 채소류로 예쁘게 말아 초고추장에 찍어 먹는 음식 • 물회 : 생선을 날로 잘게 썰어서 파, 마늘, 고춧가루 등의 양념과 함께 버무린 후 물을 부어서 만든 음식
	마른반찬	육류, 어패류, 채소류, 해조류 등을 소금에 절이거나, 또는 장이나 찹쌀풀을 발라 말려 저장해 두었다가 튀기거나 조리거나 무친 밑반찬용의 음식 • 부각 : 채소류와 어패류에 걸쭉하게 쑨 찹쌀풀을 발라 말려 두었다가 기름에 튀긴 음식 • 자반 : 어패류와 해조류를 간이 세게 절여서 저장해 두었다가 이용한 음식 • 튀각 : 주로 해조류 등의 재료에 아무것도 바르지 않고 잘라 끓는 기름에 튀긴 음식 • 포 : 육류와 어패류를 양념하여 얇게 펴서 말린 음식

대분류	중분류	정 의
부식류	순대 · 편육 · 족편	• 순대 : 돼지피와 찹쌀, 데친 숙주, 배추우거지 등을 섞어 갖은 양념을 한 후 돼지 창자 속에 꼭 차게 집어 넣고 실로 양끝을 잡아맨 후 찐 음식 • 편육 : 소의 양지머리, 사태 또는 돼지고기 등을 삶아 익혀서 차게 눌렀다가 얇게 저며 쓰는 고기음식 • 족편 : 쇠머리, 쇠족, 사태육, 양지 등을 푹 고아 석이채, 알고명, 실고추를 뿌려 식혀서 묵처럼 엉기게 한 음식
	묵 · 두부	• 묵 : 메밀, 녹두, 도토리, 칡 등의 전분가루에 물을 넣고 풀 쑤듯 쑤어 식혀서 엉기게 한 음식 • 두부 : 콩을 물에 담갔다가 갈아 그 액을 가열하여 비지를 짜 내고 간수(응고제)를 첨가하여 굳힌 음식
	쌈	채소류와 해조류로 밥과 반찬을 함께 싸서 먹는 음식. 쌈에는 재료를 생으로 쓰는 것(생쌈)과 데쳐서 쓰는 것(숙쌈)으로 나뉨
	장아찌	주로 채소류를 소금물, 간장, 된장, 고추장 속에 넣어 삭혀 만든 음식으로, 각종 육류, 어류도 살짝 익혀 된장, 고추장 속에 넣어 만들기도 함
	젓갈 · 식해	어패류의 염장식품으로 숙성 중 자체 효소에 의한 소화작용과 약간의 발효작용이 있고 반찬음식이나 조미용 식품으로 쓰이고 있음. 젓갈의 담금법으로는 소금에만 절인 것, 소금과 술에 절인 것, 기름이나 천초 등 향미를 섞어서 담근 것, 소금과 누룩에 담근 것, 소금과 엿기름과 찹쌀밥 등을 섞어 담근 것 등으로 크게 나눌 수 있음. 각종 육류를 어패류에 섞어서 담근 어육장도 있음 • 젓갈 : 어패류의 살, 내장, 알 등을 20%의 소금으로 절여 자체 내의 자가분해 효소와 미생물에 의해 발효시킨 음식 • 식해 : 소금에 절인 생선살에 밥(조밥, 쌀밥), 무채, 고춧가루, 기타 양념 등을 함께 섞어 발효시킨 음식
	장	콩으로 메주를 쑤어 띄워 담근 간장, 된장, 고추장이 기본장이며, 이외에 계절에 따라 별미로 담는 속성장이 있음
	식 초	신맛을 갖는 대표적인 조미료로 곡물이나 과일을 초산 발효시켜 만든 음식
	기 타	부식류에 포함되지만 위의 어느 중분류에도 속하지 않는 음식
떡 류	찐 떡	일명 시루떡으로 곡물가루와 고명을 시루에 켜켜로 안쳐 쪄서 만드는 떡
	친 떡	곡물로 밥을 짓거나, 곡물가루를 시루에 찐 다음, 절구에 놓고 쳐서 만드는 떡
	지진 떡	곡물가루를 반죽하여 모양을 만들어 프라이팬에서 기름으로 지지는 떡
	삶은 떡	경단류로 곡물가루를 반죽하여 모양을 만들어 삶아 건져 고물을 묻히는 떡
	기 타	떡류에 포함되지만 위의 어느 중분류에도 속하지 않는 음식
과정류	유밀과	밀가루에 꿀, 기름을 넣고 반죽한 것으로 모양을 만들어 기름에 튀겨 낸 다음 즙청한 음식
	유 과	찹쌀가루에 콩물 또는 술을 넣어 반죽하여 쪄 낸 것을 꽈리지게 치댄 후 얇게 밀어 말렸다가 기름에 튀겨 내어 당액과 고물을 묻힌 음식
	다 식	곡물가루, 약재가루, 견과류, 종실류, 꽃가루 등을 꿀에 반죽하여 다식판에 찍어 낸 음식
	정 과	식물의 뿌리, 줄기, 열매 등을 통째로 또는 썰어서 날것 그대로 삶아서 꿀이나 설탕에 졸인 음식
	과 편	신맛이 나는 과일의 즙을 내어 설탕을 넣고 졸이다가 녹말을 넣어 엉기도록 하여 그릇에 쏟아 식힌 다음 편으로 썬 음식
	숙실과	과일이나 식물의 뿌리를 익혀서 다지거나, 익혀서 가루 내어 꿀을 넣고 반죽하여 다시 원래의 모양으로 빚어서 잣가루를 묻힌 것을 난(卵)이라 함. 또한 과일의 모양 그대로를 꿀에 졸여 계핏가루와 잣가루를 묻힌 것을 초(炒)라 함

대분류	중분류	정 의
과정류	엿강정	엿물이나 조청, 꿀, 설탕시럽에 콩이나 깨, 또는 견과류를 넣고 섞어서 반대기를 지어 편으로 썬 음식
	당(엿)	쌀, 찹쌀, 수수, 고구마 등 전분식품에 엿기름을 섞어 당화시켜 졸인 음식
	기 타	과정류에 포함되지만 위의 어느 중분류에도 속하지 않는 음식
음청류	차	각종 약재, 과일, 차잎 등의 재료들을 가루 내거나 말려서, 또는 얇게 썰어 꿀이나 설탕에 재웠다가 끓는 물에 타거나 직접 물에 넣어서 끓여 마시는 음료
	탕	꽃이나 과일 말린 것을 물에 담그거나 끓여 마시는 것과 한약재를 가루 내어 끓이거나 오랫동안 졸였다가 고를 만들어 저장해 두고 타서 마시는 음료
	장	향약, 과실 등을 꿀, 설탕, 녹말을 푼 물에 침지하여 숙성시켜서 약간 시게 하여 마시는 음료
	갈 수	농축된 과일즙에 한약재를 가루 내어 혼합하여 달이거나 한약재에 곡물, 누룩 등을 넣어 꿀과 함께 달여 마시는 음료
	숙 수	향약을 물에 넣어 달여 꿀에 타서 마시는 것으로 조선시대부터는 숭늉을 숙수라 함
	화 채	과일과 꽃을 여러 형태로 썰어서 꿀이나 설탕에 재우거나 그대로 오미자국물이나 설탕물, 꿀물에 띄워 마시는 음료
	미 수	여러 종류의 곡류를 쪄서 볶은 후 곱게 가루 내어 냉수나 꿀물 또는 설탕물에 타서 마시는 음료
	식 혜	엿기름가루를 우려 낸 물에 밥(찹쌀밥 또는 멥쌀밥)을 넣어 일정한 온도와 시간 동안 삭혀서 만든 음료
	수정과	생강과 계피 등을 달인 물에 단맛을 내도록 꿀이나 설탕을 넣고 곶감을 넣은 음료
	즙	과일, 채소, 향약을 잘게 썰어서 즙을 낸 음료
	수 단	곡물을 그대로 삶거나 또는 가루 내어 흰떡 모양으로 빚어서 썬 다음 전분을 묻혀 삶아 내고 꿀물에 타거나 띄워서 마시는 음료
	기 타	음청류에 포함되지만 위의 어느 중분류에도 속하지 않는 음식
주 류	약주 · 탁주	곡물을 주재료로 하고 초근목피과실(草根木皮果實) 등의 부재료를 첨가하여 발효시켜 알코올 성분이 있게 만든 음료. 용수를 박아 맑은 술을 떠 낸 것을 약주, 맑은 술을 떠내지 않고 그대로 걸러 짠 술을 탁주라 함
	증류주	곡류와 초근목피과실(草根木皮果實) 등으로 발효시킨 술을 다시 증류하여 알코올 성분을 많이 함유하게 한 술(소주 등)
	기 타	주류에 포함되지만 위의 어느 중분류에도 속하지 않는 음식

4. 전통향토음식 자료의 표준화

【음식명 표기】

① 표준어와 방언 중복 기록 : 표준어명(방언명)
② 조리법이 유사하나 다른 음식명이 기록된 경우
예) 매생이탕 - 매생이국은 매생이국(매생이탕)으로 표기하고 통합 정리

감자밥 - 통감자밥은 감자밥으로 통합하고 감자밥에서 통감자밥 언급

③ 음식명이 같으나 조리법이 다른 경우
예) 매생이국 '방법 1', '방법 2' 등으로 표기

④ 나물, 생선 등을 이용한 음식의 표기
- 산나물밥, 나물무침 : 음식명에 산나물밥을 표기하고 참고사항에 "사용할 수 있는 산나물은 고사리, 취나물 등이 있다"로 설명함
- 나물명을 표기 가능한 것은 참나물, 고사리나물 등으로 정확히 표기
- 매운탕, 생선매운탕 : 어종을 표기하든가, 하단에 민어, 우럭 등을 사용한다고 설명

⑤ 곤지암소머리국밥, 백암순대 등 지명이 붙은 음식명 그대로 표기 : 지명이 붙은 음식은 '참고사항'에 그 음식의 유래 설명

【재료의 분량 표기】

① 가능한 한 기본 4인분, 부식류 중 김치, 장아찌, 젓갈 · 식해, 장, 떡류, 과정류, 주류 등 일반적으로 대량 조리하는 음식은 대량 조리가 가능한 분량으로 표기하였음
- CGS 단위를 사용하되 소비자가 알기 쉽도록 개, 컵 등 중복 표현
  예) 대파 20g(1뿌리), 감자 100g(1개)
- 주 · 부재료는 CGS 단위, 양념류는 컵, 큰술, 작은술 사용

② 재료 표기 순서 : 주재료, 부재료, 양념순으로 하고 필요시 양념장의 재료는 별도 표기

※ 실험조리 및 현지 조리법을 재현한 품목 이외의 일부 음식에 대한 재료의 분량은 표기가 불가능하였음

【재료, 만드는 방법 표기】

① 작성방법 : 기준서를 따라 작성하되 세부사항은 전문가 위원회에서 검토

※ 기준서 : 신승미 외, 한국 전통음식 전문가들이 재현한 우리 고유의 상차림, 교문사, 2005

② 재료 및 만드는 법 등을 표준어로 표기 : 방언(사투리)은 '참고사항' 부분에 별도 기록

③ 조리과정을 과학적으로 설명하기 위해 ( ) 안에 세부 설명을 제시 : 송송썰기(0.5cm 길이), 납작썰기(2×1×0.3cm) 등

【출처 및 정보제공자 표기】

① 책자 : 저자, 서명, 출판사, 발행년도(발행년도의 오름차순으로 입력)

② 논문 : 저자, 논문제목, 학회지명, 권호, 연도(발행년도의 오름차순으로 입력)

③ 정보제공자 및 조리시연자 : 이름, 주소, 주소의 경우 동 또는 리까지만 표기, 이하의 주소 및 전화번호 삭제(이름의 가나다순으로 입력)

【조리방법 설정】

① 현지조사 및 조리법 재현 자료
② 농촌진흥청 농업과학기술원 농촌자원개발연구소의 조리 실험에 의한 조리방법 : 농촌 식생활 향상을 위한 식생활 평가 시스템 개발연구 보고서(농촌진흥청, 2000)
③ 『소비자가 알기 쉬운 식품영양가표』 인용(농촌진흥청 농촌생활연구소(현 농촌자원개발연구소), 2002)
④ 참고문헌에 의한 설정(출처 반드시 기록)
⑤ 식품교환표(한국영양학회, 2000), 『사진으로 보는 음식의 눈대중량』(대한영양사협회 · 삼성서울병원, 1999) 참고한 조리방법 설정
⑥ 조리방법 설정이 불가능할 경우 재료명만 쓰기

표 5 재료, 만드는 법 용어 표기방법

	일반적 표기법	통일된 표기법
분량 및 기구	C	컵
	Ts, T	큰술
	ts, t	작은술
	번철, 후라이팬, 프라이팬	팬
	남비	냄비
	1과 ½컵, 1 1/2컵	1½컵
	되, 말, 홉, 짝	g, mL(컵)
재료	건고추	마른고추
	검정콩, 흑태	검은콩
	계란	달걀
	계피가루, 계피	계핏가루, 통계피
	고추 가루, 고추가루	고춧가루
	꼬지, 꼬챙이	꼬치
	녹말가루	전분
	다대기	다진 양념
	다시물, 맛국물, 고기국물	장국국물, 육수
	돈육	돼지고기
	들깻잎	깻잎
	메주가루	메줏가루
	면보, 베보자기	면포
	무우	무
	밥물	밥짓는 물
	소고기	쇠고기
	양념용 깨	깨소금, 통깨
	양념으로 사용하는 마늘, 파, 생강	다진 마늘, 다진 파, 다진 생강
	양념이 아닌 마늘	마늘, 통마늘

	일반적 표기법	통일된 표기법
재 료	양조간장, 진간장, 왜간장, 간장	간장
	청장, 집간장, 조선간장	국간장
	적당량, 적정량	적량
	조금, 소량	약간
	집청액, 시럽	즙청액
	청고추	풋고추
	콩기름, 기름, 튀김기름	식용유
	파	대파, 쪽파, 실파
	표고, 마른 표고버섯	표고버섯, 건표고버섯
	호박	애호박, 단호박, 늙은 호박
	홍고추	붉은 고추
	황율	황률(말린 밤)
	황 · 백지단, 황백색지단	황백지단
	후추	후춧가루, 통후추
만드는 법	파, 마늘, 풋고추, 생강 다지는 과정은 문장에서 삭제	재료에 다진 파, 다진 마늘 등으로 표기
	~을 곁들여 낸다. ~을 담아 낸다.	곁들인다.
	~을 졸인다.	~을 조린다.
	서술형으로 표현된 것	1, 2, 3 등으로 간결하게 표현

표 6 썰기 표현의 표기방법

	썰기방법		규격(길이×폭×두께)	이용되는 음식
깎 기	돌려 깎기		5cm 길이	호박, 오이 등
	둥글려 깎기		밤톨 크기	감자, 당근, 무 등
썰 기	채 썰기	아주 가는 채	5×0.1×0.1cm	구절판
		가는 채	5×0.2×0.2cm	무생채, 도라지생채
		굵은 채	5×0.3×0.3cm	잡채
	나박썰기		2.5×2.5×0.2(0.3)cm	나박김치, 무국
	깍둑썰기		사방 2cm	깍두기
	직사각형 썰기		5×1×0.3cm	겨자채, 무숙장아찌
	마름모 모양 썰기		폭 2cm	지단, 미나리초대
	원형썰기		0.2~0.3cm	오이생채
	반달썰기		0.4~0.5cm	된장찌개, 생선찌개의 부재료
	은행잎 모양 썰기		재료를 십자로 4등분	조림음식 등의 고명
	어슷썰기		0.3cm	대파, 고추
	편 썰기		0.2~0.3cm	홍합초의 생강
다지기	다지기		사방 0.1cm	마늘, 파 양념 다지기
	굵게 다지기		사방 0.2~0.3cm	고추, 파 등

자료 : 홍진숙 외, 기초한국음식, 교문사, 2007

5. 전통향토음식의 지역성 검증

1999~2005년까지 농촌자원개발연구소에서 조사 · 발굴한 전국 9개도 1만 4,308종의 음식자료의 지역성 검증 및 『한국의 전통향토음식』 발간을 위한 전문가위원회를 구성하였다. 전문가위원 중 지역성 검증을 위한 지역별 전문가 5명을 별도로 선정하였는데, 경기 지역의 검증위원에 손정우 교수(배화여자대학), 강원 지역의 검증위원에 윤덕인 교수(관동대학교), 충청 지역의 검증위원에 신승미 교수(청운대학교), 경상 지역의 검증위원에 김상애 교수(신라대학교), 전라 및 제주 지역의 검증위원에 서혜경 교수(전주대학교)로 구성하였다. 지역성 검증을 위한 전문가는 우리나라 전통음식 또는 향토음식에 조예가 깊고 조리 또는 향토음식과 관련하여 연구실적을 발표해 온 교수들로 선정하였다. 2006~2007년까지 6차례의 전문가협의회를 통하여 각 지역별 전통향토음식의 지역성 검증에 관한 절차와 방법을 논의하였고, 이를 바탕으로 해당 지역 지역성 검증위원이 해당 지역의 음식인지 여부를 검토하였다.

전문가협의회를 통해 지역성 검증을 위한 지역 구분은 행정구역상 구분을 따르기로 결정하였고, 그에 따라 검증 지역을 서울 · 인천 · 경기 지역, 강원 지역, 충북 지역, 대전 · 충남 지역, 전북 지역, 광주 · 전남 지역 , 대구 · 경북 지역, 부산 · 울산 · 경남 지역, 제주 지역 등 9개 지역으로 나누었다. 조사 · 발굴된 전통향토음식 중 각 지역음식에 포함될 음식의 1차적 기준을 설정하였다. 음식명이 우리나라 고유 언어로 불린 음식으로 한정하여 카레나 케첩 등은 제외하였고 조리법에서도 우리나라 고유의 조리법을 활용한 음식으로 한정하였다. 식품재료 사용에서도 우리나라에서 1970년 이전(수입농산물이 급격히 증가하기 전)에 사용해 온 것으로 한정하여 현대에 이르러 새롭게 식품재료로 활용되고 있는 흑미 등으로 조리된 음식은 제외하였다. 또한 전체적으로 '재료', '조리법', '음식명'에서 우리 고유의 음식 특색이 없는 것은 제외하였다. 지역성 검증 작업을 진행하면서 몇 번의 협의와 수정을 거쳐 최종적으로 지역성 검증 기준을 다음과 같이 마련하였다.

첫째, 해당 지역의 특산물을 이용한 음식이어야 한다. 여기서 '해당 지역의 특산물'이라 함은 그 지역에서 최소한 1970년대 이전부터 많이 재배되어 오는 농수산물을 말하며, 최근에 이르러 많이 재배되거나 전략적인 특산물로 홍보되는 작물은 제외하였다.

둘째, 해당 지역의 독특한 조리법에 의하여 만들어진 음식이어야 한다. '미역국'이라도 다른 지역과 차별되는 그 지역만의 독특한 조리법이나 재료를 사용하면 그 지역의 음식으로 간주하였다.

셋째, 그 지역 주민이 선호하는 음식이어야 한다. 오래 전부터 그 지역 주민들이 즐겨 먹어 온 음식이어야 하고, 예전에는 먹지 않았으나 교통 · 통신수단의 발달로 타 지역에서 유입된 후 현대에 이르러 많이 먹는 음식은 제외하였다.

넷째, 그 지역의 환경과 관련성을 가진 음식이어야 한다. 그 지역의 독특한 자연환경, 생활상, 문화 등과 관련성이 있는 음식은 지역음식으로 간주하였다.

다섯째, 학술지나 고문헌, 각 지역에서 발간된 향토음식 관련 책자 등에서 그 지역음식으로 검증된 음식이어야 한다. 학술지나 고문헌, 향토음식 관련 책자 등에서 학술적으로 검증된 자료를 인용할 경우 반드시 문헌명과 출처를 제시하여야 한다.

이와 같이 다섯 가지로 지역성 검증 기준을 마련하였고, 이 다섯 가지 중 어느 한 조건이라도 만족하는 경우 그 지역의 음식으로 간주하였다. 이러한 검증 작업의 결과 최초의 조사·발굴된 1만 4,308종의 음식자료에서 최종적으로 3,300여 종의 음식이 지역음식으로 선정되었다.

6. 고문헌을 통한 역사성 검증

본 서에 실린 상용음식의 역사성 검증은 장혜진·이효지 연구(1989)의 고문헌 고찰방법을 채택하였다. 고문헌 고찰을 하기 위해서는 가장 먼저 고찰할 문헌들을 결정해야 하므로 문헌 선택을 위한 몇 가지 기준을 정하였다. 첫째, 조선시대 이후에 출간된 조리서나 식품에 관련된 문헌을 대상으로 하였다. 쉴즈(Shils, 1981)에 의하면 어떤 신념이나 행위모형이 '전통'이 되기 위해서는 적어도 2번의 전승과 3세대의 간격이 필요하다고 하였다. 여기서 2번의 전승과 3세대의 간격이란 최소한 100년 동안의 전승이 있어야 한다는 의미이며, 조선시대의 고조리서에 등장한 음식이라면 이러한 100년 전승의 조건을 충분히 만족하는 것으로 판단하였다. 또한 조선시대는 농경을 중시하여 곡식과 채소의 생산이 늘어났고 그에 따라 식생활 문화가 발달하여 반가에서 음식 만드는 조리서들이 쓰여지기 시작하였다. 따라서 조선시대에 등장한 고조리서 고찰은 본 책자에 실린 음식들의 역사성을 검증하는 작업에 충분한 것으로 사료된다.

문헌을 선정하는 두 번째 기준으로 작업의 편이성을 위하여 한글 번역이 되어 있는 고조리서로 선정하였다. 만약 한글 번역이 되어 있지 않았는데, 내용상 고찰이 필요한 고조리서의 경우에는 그 고조리서를 분석한 학술논문 고찰로 대신하였다. 『도문대작』, 『주방문』, 『음식법』, 『부인필지』 등이 이에 해당한다.

세 번째로 조선 전기부터 일제시대까지 전체를 아우를 수 있게 약 50~100년 간격으로 문헌이 출간된 시점을 고려하였다. 역사성 검증을 위해 선정된 문헌은 표 7에, 학술논문은 표 8에 정리하였다. 선정된 각 문헌의 내용과 특징을 간략히 살펴보면 다음과 같다.

산가요록(山家要錄)

1449년 전순의가 지은 종합농서로서 식품 부분에 있어서는 우리나라에서 가장 오래된 최초의 식품서적으로서의 가치가 있다. 책의 내용은 양잠, 종상(種桑), 과수, 죽목(竹木), 채소, 염료작물, 가축 등의 농업 부분과 주류, 장류, 식초류, 침채류, 과일·채소류 저장, 어육류 저장, 동절양채, 죽류, 병과류, 국수·만두류, 과정류, 좌반류, 식해류, 기타 조리법 등의 식품 부분으로 나누어 만드는 법을 설명하고 있으며 이와 함께 옷 만들기 길한 날과 여러 가지 염색방법에 대해서도 기록하고 있다. 식품 부분은 중국농서를 참고하지 않아 그 시대의 전통적인 한국 고유의 식품을 기록하였다고 생각되고, 식품 부분이 180항목 내외로 그 내용이 다양하고 풍부한 특징이 있다.

표 7 역사성 검증을 위해 선정된 문헌

문 헌	원저자	원저 발행년도	역 자	발행처	발행년도
산가요록(고농서 국역총서 8)	전순의	1449	농촌진흥청	농촌진흥청	2004
식료찬요(고농서 국역총서 9)	전순의	1460	농촌진흥청	농촌진흥청	2004
수운잡방 · 주찬	김수	1500년대	윤숙경 역	신광출판사	1998
도문대작[1]	허균	1611			
지봉유설	이수광	1614	남만성 옮김	을유문화사	1980
음식디미방(경북대학교 고전총서 10)	석계부인, 안동 장씨	1670년경	경북대학교 출판부	경북대학교 출판부	2003
주방문[1]	하생원	1600년대 말엽			
산림경제 2권(고전국역총서)	홍만선	1715	민족문화추진회	민문고	1967
증보산림경제	유중림	1765	윤숙경 역	지구문화사	2005
규합총서	빙허각 이씨	1815	정양완	보진재	1999
음식법[1]	미상	1854(추정)			
시의전서	미상	1800년대 말엽	이효지 외	신광출판사	2004
부인필지[1]	미상	1915			
조선무쌍신식요리제법	이용기	1924	옛음식연구회	궁중음식연구원	2001
조선요리제법	방신영	1942		한성도서주식회사	1942

주 : 1) 이 고문헌들은 한글로 번역된 문헌을 찾을 수 없어 문헌들을 분석한 학술논문을 참고로 하였다. 참고한 학술논문은 표 8에 제시하였다.

식료찬요(食療纂要)

1460년 의관을 지낸 전순의가 지은 의서로서 현존하는 고서 중 최고의 식이요법서이다. 병을 치료하는 데 식품으로 치료하는 것을 우선해야 함을 강조하여 식이요법의 중요성과 실용적인 조문만 뽑아 간편하게 찾도록 구성하였다.

수운잡방(需雲雜方) · 주찬(酒饌)

김수가 지은 1500년대 조리서로서 고려 말에서 조선 전기의 음식 조리법과 안동 사림계층의 식생활을 엿볼 수 있는 특징이 있다. 그 내용은 술 빚는 법, 장류, 김치, 식초류, 채소 저장법, 과일 저장법, 조과 만들기, 타락, 엿 만들기 등이 포함되어 있으며 우리나라에 고추가 유입되기 전의 조리서이기 때문에 고춧가루를 넣지 않은 김치가 기록된 문헌이다.

도문대작(屠門大嚼)

1611년 허균이 바닷가에 귀양가서 거친 음식만 먹게 되자 견딜 수 없어 전에 먹어 보았던 음식을 떠올리며 기록하면서 자신이 도살장문(屠門)을 바라보고 그게 씹는(大嚼) 것과 같다고 하여 붙여진 이름이다. 그 내용은 식품을 분류하여 식품의 특징과 명산지를 기록하고 떡과 한과류를 중심으로 서울의 음식을 소개하였다. 이를 통하여 광해군시대의 식품재료와 각종 음식을 한눈에 볼 수 있다는 것과 다른 조리서들과 비교하였을 때 지역성을 알 수 있다는 점이 특징이다.

표 8 역사성 검증을 위해 선정된 학술논문

저 자	논문제목	학술지	연 도
이효지	『규곤시의방』의 조리학적 고찰	대한가정학회지, 19(2)	1981
이효지	『규합총서』, 『주식의』의 조리과학적 고찰	한양대학교 사대논문집	1981
김귀영 · 이성우	『주방문의』 조리에 관한 분석적 연구	한국식생활문화학회지, 1(4)	1986
이광자	우리나라 문서에 기록된 찬물류의 분석적 고찰	한양대학교 교육대학원 석사학위논문	1986
이효지	조선시대의 떡문화	한국조리과학회지, 4(2)	1988
장혜진 · 이효지	주식류의 문헌적 고찰	한국식생활문화학회지, 4(3)	1989
윤서석	한국의 국수문화의 역사	한국식생활문화학회지, 6(1)	1991
윤서석 · 조후종	조선시대 후기의 조리서인 『음식법』의 해설 1	한국식생활문화학회지, 8(1)	1993
	조선시대 후기의 조리서인 『음식법』의 해설 2	한국식생활문화학회지, 8(2)	1993
	조선시대 후기의 조리서인 『음식법』의 해설 3	한국식생활문화학회지, 8(3)	1993
이효지 · 차경희	부인필지의 조리과학적 고찰	한국식생활문화학회지, 11(3)	1996
김기숙 · 백승희 · 구선희 · 조영주	『음식디미방』에 수록된 채소 및 과일류의 저장법과 조리법에 관한 고찰	중앙대학교 생활과학논집 12권	1999
김기숙 · 이미정 · 강은아 · 최애진	『음식디미방』에 수록된 면병류와 한과류의 조리법에 관한 고찰	중앙대학교 생활과학논집 12권	1999
이은욱	조선 후기 식기 및 음식의 특색과 변화	이화여자대학교 석사학위논문	2002
김미희 · 유명님 · 최배영 · 안현숙	『규합총서』에 나타난 농산물 이용 고찰	한국가정관리학회지, 21(1)	2003
차경희	『도문대작』을 통해 본 조선 중기 지역별 산출 식품과 향토음식	한국식생활문화학회지, 18(4)	2003
김희선	어업기술의 발전 측면에서 본 『음식디미방』과 『규합총서』 속의 어패류 이용 양상의 비교 연구	한국식생활문화학회지, 19(3)	2004

지봉유설(芝峰類說)

1614년 이수광에 의해 편찬되었고 3,435조목을 25부문 182항목으로 나누어 설명하고 반드시 그 출처를 밝혔으며 실학사상에 입각하여 서구 문명을 소개한 것이 특징이다. 25부는 천문 · 시령(時令) · 재이(災異) · 지리 · 제국(諸國) · 군도(君道) · 병정(兵政) · 관직 · 유도(儒道) · 경서(經書) · 문자 · 문장 · 인물 · 성행(性行) · 신형(身形) · 어언(語言) · 인사(人事) · 잡사(雜事) · 기예(技藝) · 외도(外道) · 궁실 · 복용(服用) · 식물(食物) · 훼목(卉木) · 금충(禽蟲)으로 음식에 대한 설명은 식물부(食物部)에 기록되어져 있다.

음식디미방(규곤시의방, 閨壼是議方)

1670년경 안동 장씨의 친정집과 시댁의 음식법을 수록한 책이다. 이 책의 명칭은 두 가지로서 한 가지는 『음식디미방』으로 본문의 첫머리에 표기된 권두서명이고, 또 하나는 『규곤시의방(閨壼是議方)』으로 겉표지에 쓰인 서명이다. 예로부터 전해져 오는 음식과 스스로 개발한 음식에 대하여 면병류 18종, 어육류 42종, 과채류 19종, 주류 및 초류 54종을 수록하였고, '맛질방문' 에 면병류 9종, 어육류 4종을 포함하여 총 146개항에 달하는 음식조리법을 서술하였다. 이

책의 특징은 후손에게 전통적인 조리법을 전해 주려고 한 것으로서 여성이 기록한 옛 조리서라는 것과 최초의 한글 조리서라는 데 의의가 있다.

주방문(酒方文)

1600년대 말 하씨 성을 가진 생원에 의해 지어진 것으로 알려져 있다. 술과 관련된 항목 28종과 음식과 관련된 항목 50종을 포함하여 총 78종에 대한 조리와 가공법을 한글로 설명하고 있다.

산림경제(山林經濟)

1715년 홍만선이 백성들을 위하여 편찬한 책으로 일상생활에 필요한 여러 가지 문제를 체계적으로 분류한 것이 특징이다. 당시의 중국 서적과 우리나라 서적을 참고하여 농촌 가정에서 알아야 할 것을 기록하였고, 각 조목마다 인용서목을 적어 넣어 학문적 가치가 큰 책이다.

증보산림경제(增補山林經濟)

1766년 유중림에 의해 편찬된 한문 필사본으로 산림경제를 검토하여 토속성이 없는 것은 제외하거나 보충하여 그 내용을 방대하게 늘린 특징이 있다.

규합총서(閨閤叢書)

1815년경 빙허각 이씨에 의해 편찬된 것으로 산림경제, 고사신서, 해동농서를 참고하여 [주식의(酒食議)], [봉임측(縫紝則)], [산가락(山家樂)], [청낭결(青囊訣)]로 구분하여 내용을 구성하였으며 전통적인 의식주에 대하여 설명한 가정백과의 성격을 띠고 있다. [주식의(酒食議)]는 장 만들기, 술 빚기, 밥, 떡, 과즐 등의 내용을 설명하고 있고, [봉임측(縫紝則)]은 재봉, 염색, 방직, 자수, 양잠, 그릇과 등잔관리 등에 대한 내용을 포함하며, [산가락(山家樂)]은 밭일, 꽃재배, 가축 기르기에 대한 내용을 담고 있다. [청낭결(青囊訣)]은 태교, 아이 기르기, 구급법 등에 대하여 설명하고, 끝으로 『술주략』은 집과 여러 환난에 대처하는 방법 등을 기록하고 있다. 이는 우리나라 여성이 우리의 기후와 풍토에 맞는 실용적인 지혜를 바탕으로 저술한 책으로서 의의가 있다.

음식법(찬법, 饌法)

조선 후기 갑인년(1854년으로 추측)에 어느 가정에서 혼인하는 딸에게 내려 준 조리서로 알려져 있다. 책의 내용은 음식명이 기록된 127종과 음식명 없이 내용만 기록된 14종을 포함하여 총 141종의 음식과 제과유독, 제체유독, 음식 금기에 대한 내용이 포함되어 있다. 찬합음식의 종류와 담는 방법이 자세히 기록되고, 음식 규범에 대한 언급이 수록되어 있는 것이 특징이다.

시의전서(是議全書)

1800년대 말 작자미상의 책으로 422종의 음식이 상권과 하권으로 나누어 설명되고 있다. 또한 5첩 반상, 7첩 반상, 9첩 반상, 신선로상, 입매상, 술상, 곁상의 반배도가 그려져 있고, 조리법의 분류가 잘 되어 있다. 또한 그 시대의 전통식품을 한눈에 볼 수 있다는 것과 제물부(祭物部)를 독립시켜 당시 제사를 중요하게 생각했다는 것을 알 수 있는 특징이 있다.

부인필지(夫人必知)

빙허각 이씨의 규합총서에서 가정생활에 필요한 내용을 추려 1915년에 편찬한 것으로 115종의 음식이 수록되어 있다. 그 외에도 과채수장법, 제과독, 제유수취법, 의복, 길쌈, 좀 못 먹게 하는 법, 수 놓는 법, 사물, 물류 상감 등이 기록되어 있다.

조선무쌍신식요리제법(朝鮮無雙新式料理製法)

『임원십육지』의 [정조지]를 한글로 번역하고 신식요리를 곁들여 1924년에 이용기에 의해 편찬된 책이다. 손님 접대하는 법, 상 차리는 법, 상극이 되는 음식물, 아이 밴 이가 못 먹는 것, 우유 먹는 법 등이 수록되어 있고 서양요리, 중국요리, 일본요리 만드는 법 또한 수록되어 있다. 또한 밥, 장, 고추장, 된장, 초, 술, 소주, 국, 창국, 누룩, 김치, 장아찌, 떡, 국수, 만두, 전유어, 나물, 생채, 지지미, 찌개, 찜, 적, 구이, 회, 편육, 어채, 백숙, 묵, 선, 포, 마른 식품, 자반, 볶음, 조림, 무침, 쌈, 젓갈, 죽, 미음, 응이, 암죽, 차, 기름, 청량음료, 타락, 두부, 화채, 숙실과, 유밀과, 다식, 편, 당전과, 정과, 점과, 강정, 미시, 엿 등의 종류와 만드는 법에 대하여 설명하고 잡록 11종과 부록 22종에 대한 조리법과 양념, 각색가루, 소금 만드는 법에 대해서도 기록되어 있다.

조선요리제법(朝鮮料理製法)

방신영에 의해 편찬된 책으로 한국요리의 모체로 인정받고 있으며 1913년, 1917년, 1942년, 1954년에 판을 거듭하여 개정하였다. 1942년도 증보 개정판의 내용은 기명, 식물, 수육, 어육에 대한 해석과 음식 저장법, 남은 음식 · 상한 음식 · 해독 등에 대한 주의할 사항을 기록하였다. 또한 양념류, 분말제조법, 기름, 소금, 당류, 초, 장, 젓, 김치(김장김치), 김치(보통 때 김치), 찬국, 장아찌, 조림, 찌개, 지짐이, 찜, 볶음, 무침, 나물, 생채, 전유어, 구이, 자반, 적, 편육, 포, 마른 식품, 회, 어채, 쌈, 묵, 잡록, 떡국, 만두, 국수, 편, 정과, 강정, 엿강정, 숙실과, 다식, 유밀과, 화채, 차 다리는 법, 죽류, 국, 숩, 밥, 떡 등의 종류와 조리법에 대하여 설명하였다. 그 외에도 각 절기의 잔치, 상 차리는 법, 어린아이 젖먹이는 법이 기록되어 있다.

위의 문헌들에 대한 구체적인 고찰방법은 첫 단계로, 고문헌에서 나타난 음식명과 본 책자에 실린 상용음식의 음식명이 일치하는 음식을 찾았다. 음식명이 일치하는 경우 그 음식에 대한 현재의 조리법 및 식품재료와 고문헌에서 나타난 조리법과 식품재료가 일치하는지를 확인하였다. 두 번째로 고문헌에서 나타난 음식명과 일치하는 음식명이 없는 경우 조리법과 식품재료에 대한 비교 작업을 수행하였다. 음식명이 일치하지 않더라도 조리법과 식품재료의 비교에서 고문헌에 의한 방법과 현대의 방법이 유사하다면 그 음식의 역사성은 검증되는 것으로 판단하였다. 모든 음식의 검증자료는 엑셀 데이터베이스(DB)화하였고, 그 방법은 그림 1과 같다.

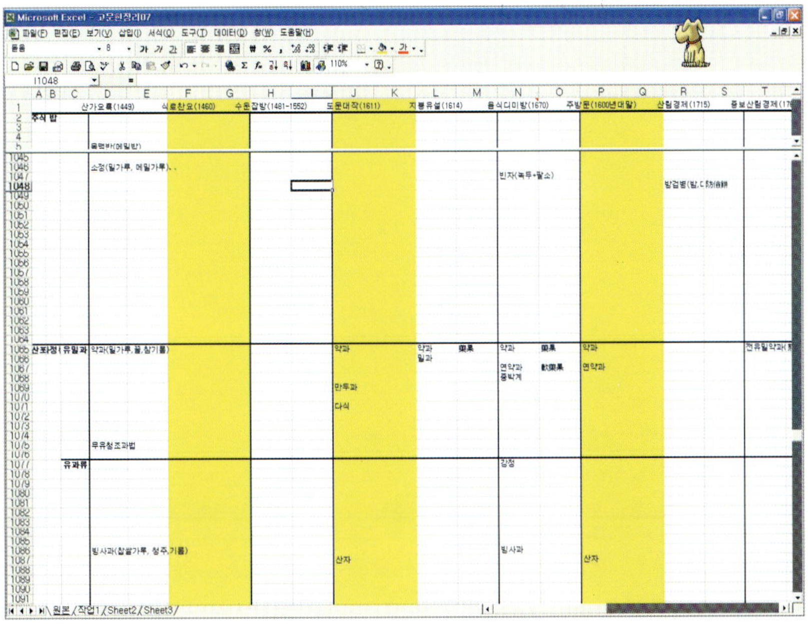

고서	산가요록	식료찬요	수운잡방, 주찬	도문대작	지봉유설	음식디미방	주방문	산림경제	증보산림경제	규합총서	음식법	시의전서	부인필지	조선요리제법	조선무쌍신식요리제법
약과	1			1	1	1	1			1		1	1	1	1

그림 1 엑셀 프로그램에 의한 음식명 일치 검색 예시

忠清南道

제2부

충청남도

전통향토음식

제 1 장

충청남도의 전통향토음식 발달 배경과 특징

제1장

충청남도의 전통향토음식 발달 배경과 특징

신승미 청운대학교 교수

충청남도는 우리나라의 중남부에 자리잡고 있으며 중부 지방과 남부 지방을 연결하는 교통의 요충지이다. 북쪽으로는 경기도, 동쪽으로는 충청북도, 남쪽으로는 전라도와 닿아 있고 서쪽은 황해와 이어져 있다.

지리적으로 예당평야와 금강 유역에 펼쳐진 이 지역은 농경에 적합하여 곡물이 풍부하고 서해안에 접하고 있어 해산물이 풍부하다. 특히 쌀, 보리의 생산이 주를 이루어 흰밥을 으뜸으로 숭상하고 일반적으로는 보리밥을 많이 먹었다. 또한 된장을 즐겨 사용하며 겨울에는 청국장을 만들어 구수한 찌개를 해먹었고, 죽, 밀국수, 수제비, 범벅 등을 즐겨 먹었다. 국물을 낼 때는 여름에는 닭과 소합을, 겨울에는 굴이나 조갯살 등을 사용하여 날떡국이나 칼국수를 끓이기도 한다. 또한 늙은 호박을 이용한 호박죽, 호박범벅, 호박고지떡 등도 많이 만들어 먹는다.

1. 충청남도의 지리적 특성 및 특산물

충청남도는 기후가 온화한 편이고 해마다 평균 1,000~1,500mm의 비가 내려 농사짓기에 알맞고 토질은 기름진 편이다. 특히 동서를 가로지르는 금강을 중심으로 이루어진 논산평야는 우리나라 3대 곡창의 하나로 식량생산에 중요한 위치를 차지하고 있다.

또한 충청남도 전체 면적에 대한 임야의 비율이 56%, 농경지가 31%로 다른 도에 비하여 경지비율이 높고 농업인구도 많은 편이어서 농업이 주를 이룬다고 볼 수 있다. 주로 생산되는 곡류

로는 쌀, 보리 등이 있으며, 많이 생산되는 농산물로는 생강, 마늘, 호박 등이 있다. 특산물로는 인삼, 호두, 모시, 구기자, 딸기 등을 들 수 있다.

축산물은 다른 도와 비슷하여 특수성을 찾을 수는 없으나 젖소, 오골계 등을 키우고 돼지 사육도 활발하며 최근 홍성군의 한우는 그 우수성을 인정받고 있다.

그림 1 대전광역시 · 충청남도

해안선은 직선거리가 150km에 지나지 않으나, 굴곡이 심한 리아스식으로 되어 있어 길이가 1,700km쯤에 이른다. 간만의 차이가 뚜렷하고 갖가지 바닷고기와 조개의 양식장이 해안선을 따라 흩어져 있다.

이러한 자연조건으로 해산물이 풍부하여 우럭, 삼치, 민어, 가오리, 조기, 놀래미, 전어, 뱅어, 서대, 복어 등 어류가 많이 잡히며 굴, 해삼, 꽃게, 대하, 조개, 김 등이 많이 난다. 최근에는 보령시 천북면의 굴, 홍성군 남당리의 대하와 새조개, 광천의 새우젓과 김, 서산시 간월도의 어리굴젓 등이 충남의 명물로 유명하다.

2. 충청남도 전통향토음식 발달의 역사적 · 사회문화적 배경

【충청남도의 역사적 배경】

충청남도는 충청북도와 합하여 충청도라 부르며 흔히 호서 지방(湖西地方)이라고도 한다. 이 지역은 삼한시대에는 마한에 속하였고 삼국시대에는 백제의 중심이었으며 백제가 망한 뒤에는 당나라가 5개의 도독부(都督府)를 설치한 지역의 일부이다. 76년간 당의 지배가 끝난 뒤에 성덕왕 13년(714년)에 신라의 영토가 되었고 경덕왕 16년(756년)에는 웅주도독부에 예속되었다. 신라 말에는 후백제와 태봉이 이곳을 분할하여 점령하였다. 성종 14년(995년)에 충청북도 지역을 중원도(中原道), 충청남도 지역을 하남도(河南道)로 하였다. 그 후 조선시대 예종 1년(1106년)에 관내도와 중원도, 하남도를 합쳐서 양광충청주도(楊廣忠淸州道)로 하여 처음으로 충청도라는 명칭이 생겼다. 명종 2년(1172년)에 중원 · 하남을 나누어 충청도가 되었다가 충숙왕 1년(1314년)에 다시 합쳐 양광도로 하였으며 공민왕 5년(1356년)에 다시 충청도라 하였다. 그 뒤 여러 차례 지명이 바뀌었다가 1896년 13도제가 실시되면서 충청도는 충청남도, 충청북도로 나누어졌다.

현재 충청남도는 천안시, 공주시, 논산시, 계룡시, 보령시, 서산시, 아산시의 7개 시와 금산군, 연기군, 부여군, 서천군, 청양군, 예산군, 홍성군, 당진군, 태안군의 9개 군으로 되어 있다.

【사회문화적 배경】

청풍명월

청풍명월은 선비들의 싯귀에 자주 나오는 말로 충청도 양반이라는 말과 더불어 충청도 사람을 평하는 말이기도 한데, 조선 22대 임금인 정조가 처음으로 썼다고 기록되어 있다. 즉, 청풍명월은 우리 선비들의 풍류정신과 아름다움, 욕심 없음을 나타내는 상투어라 할 수 있다. 또한 이 말이 지닌 또 하나의 뜻은 '원만함' 으로 이는 신중하게 일을 처리하는 차분함과 치우지지 않거나 튀지 않는 원만함을 뜻하나 한편으로는 굼뜨고 느린 것으로 비유되는 말이기도 하다.

종 교

충청도의 옛 땅인 백제에는 많은 절이 있었다. 불교가 처음 들어온 침류왕 원년인 384년을 기점으로 불교가 보급되어 그 당시 세워진 절로는 공주의 대동사, 부여의 정림사, 금강사, 천왕사 등이 있고 많은 불상이 있어 불교의 사회문화적인 측면에 미친 영향을 미루어 짐작할 수 있다.

토속신앙

백제시대뿐만 아니라 원시시대부터 토착되어 오면서 민중에게 큰 영향력을 미친 전통신앙으로는 하늘과 땅에 대한 제사와 시조신에 대한 숭배이다. 또한 백제시대의 불교가 왕실과 귀족의 신앙이 되어가면서 일반 민중은 전통신앙에 더욱 관심을 갖게 된 것으로 보인다.

충청남도의 민간신앙은 개인 신앙보다는 지역 주민의 공동 목적과 공동 이익을 위한 집단신앙으로 '거리제', '당제', '산신제' 등이 행해지며, 어촌에서는 산신제 대신 '장군제', '풍어제'를 올린다.

충청남도의 대표적인 집단제의로는 '별신제'가 있는데, 부여군 은산면 은산리에 전해지며 새해마다 한 번씩 지내고 제사 지내는 기간이 2주일 정도 되어 가장 규모가 큰 것으로 알려져 있다.

3. 충청남도 전통향토음식의 특징

우리나라는 산맥을 사이로 남과 북, 동과 서의 지세가 상이하고 기후가 다양하므로 재배작물이나 어패류의 회유상황이 달라서 지역에 따라서 생산물에 차이가 많다. 이러한 자연조건의 영향으로 각 지역의 산물과 기온조건에 따라 지역성이 있는 음식문화가 발달되어 왔다.

충청남도는 지리적으로 삼면이 육지이고, 한 면이 바다와 접하고 있어서 농산물과 해산물이 풍부하여 곡물음식이 발달하고 음식에 해산물을 많이 사용한다.

충청남도 사람들은 순박하고 온유한 기질이 있어 식생활도 검소하여 음식의 맛이 순하고 평범하며 꾸밈이 없는 것이 특징이다. 양념은 많이 쓰지 않고 자연 그대로의 맛을 살리고 있어 담백하며 음식의 양은 많은 편이다.

4. 대표적인 충청남도 음식

충청남도의 대표적인 향토음식을 주식류, 부식류와 떡류, 과정류, 음청류, 주류로 구분하여 살펴보면 다음과 같다.

주식류

주식류 중 밥은 공주장국밥, 구기자순나물밥, 구기자순비빔밥, 굴밥, 도토리묵밥(구즉도토리묵밥), 돌쌈밥, 쑥밥, 영양굴밥, 올벼밥(찌갱이밥), 해당화색반, 호두산채비빔밥 등이 있으며, 죽에는 구기자죽, 굴죽, 뜰새풀씨죽, 바지락죽, 보리볶음죽, 보리콩죽, 어죽, 연자죽, 인삼어죽, 인삼죽, 호박죽, 호박풀떼기죽 등이 있다. 국수·수제비에는 고동수제비(올갱이수제비), 구기자칼국수, 밀국낙지칼국수, 바지락칼국수, 버섯수제비, 삭수제비, 콩물칼국수, 해물칼국수, 호박국수, 호박잎장국수제비 등이 있고 떡국은 구기자떡국, 닭생떡국, 생떡국, 쑥장국 등이 있다.

부식류

부식류는 국·탕류, 전골·찌개류, 김치류, 나물류, 구이류 등이 있는데, 국에 속하는 음식으로는 굴국, 굴냉국, 꽃게탕(꽃게매운탕), 꽃게알된장국, 낙지국, 넙치아욱국, 대하탕, 머위들깨탕, 밀국낙지탕, 박속낙지탕, 뱅어국(실치시금치국), 버섯탕, 비지국, 사슴곰탕, 선짓국, 세모국, 상어아욱국(세화아욱국), 쏙국(설게국), 열무쇠고기국, 오골계탕, 옻닭, 우럭백숙, 우렁국, 인삼추어탕, 장어보양탕, 청포묵국, 해삼국, 황복국 등이 있다.

찌개·전골은 게국지찌개, 굴전골, 꽃게찌개, 돼지고기곱창찌개, 메밀풀장, 황복어찌개(물잠뱅이찌개), 생선잡탕찌개, 서대찌개, 우거지찌개(무청우거지찌개), 우럭젓국찌개, 우렁된장찌개, 천문동조기찌개, 호박갈치찌개 등이, 김치로는 게국지김치(화각게국지), 고들빼기갈치김치, 고추무김치, 굴깍두기, 꺼먹김치, 능쟁이석박지, 더덕물김치, 산초김치, 새우젓깍두기, 시금치국물김치, 씀바귀김치, 인삼김치, 짠지, 호박지 등이, 나물로는 굴생채, 냉이회, 묘삼생무침, 원추리잡채, 자운영나물, 죽나무순무침, 질경이나물, 파나물 등이, 구이는 더덕구이, 백마강장어구이, 붕장어구이(아나고구이), 오징어불고기, 전어구이 등이 있다.

조림·지짐이는 고동간장조림, 고추부각조림, 붕어조림, 빙어조림(도리뱅뱅이) 등이, 볶음으로는 건바지락볶음 등이, 전·적은 고추산적, 고추장떡, 나물밥전, 늙은 호박부침, 돼지고기완자부침, 무부침, 바지락전, 보리장떡부침, 인삼고추장떡(인삼장떡), 파래전, 호박고지적 등이 있다.

찜·선류은 가오리찜(갱개미찜), 꽃게찜, 돼지족찜, 솔잎닭찜, 서대찜(박대찜), 붕어찜, 상어찜, 쏙찜(설게찜), 인삼닭찜, 참붕어찜, 홍어어시육 등이, 회는 고시락무침, 가오리회, 동치미굴회, 바지락회, 뱅어포회(실치회), 위어회(우어회), 전어회(우어회, 전어회무침), 주꾸미회, 꽃게무침, 능쟁이게무침, 소라회무침, 주꾸미무침, 톳무침 등이, 마른반찬으로는 고추부각, 붕어강정, 호두고추장무침 등이 있다.

순대로는 병천순대가 있고, 묵·두부류에는 박대묵, 밤묵, 호박묵 등이, 장아찌류로는 감장아찌, 마늘장아찌, 마늘종장아찌, 머위장아찌, 무장아찌, 무청장아찌, 묵장아찌, 얼린무장아찌, 우무장아찌, 호두장아찌 등이, 젓갈은 꽃게장, 능쟁이게장, 박하지게장(바우지게장), 박대젓, 밴댕이젓, 뱅어액젓(실치액젓), 새우젓, 서산어리굴젓, 쏙무젓(설게무젓), 쏙장(설게장), 자하젓 등이 있다. 장은 겨장(쩜장, 저장), 등겨장(딩겨장), 보리고추장, 우렁쌈장, 지례장(찌엄장), 지장, 집장, 청국장, 호박고추장 등이 있다.

떡 류

떡류로는 골담초떡, 구기자순갠떡, 꼬리떡, 달팽이떡, 멍가잎떡, 메싹떡, 방울기주, 불거지떡, 쏙떡(설게떡), 송기떡(송기송편), 송화솔잎경단, 송화솔잎절편, 약편, 오색국화송편, 인삼떡, 칠곡떡, 해당화전, 호박송편(고지송편), 호박고지떡 등이 있다.

과정류

과정류에는 구기자쌀강정, 구기자한과, 구절초엿, 마늘정과, 생강한과, 솔꽃쌀엿, 인삼정과, 무릇고음 등이 있다.

음청류

음청류에는 고추식혜, 구기자차(구기자한방차), 길경차, 대나무차, 맥문동차, 보리미숫가루, 보리식혜(보리감주, 보리단술), 송차, 약식혜, 호박물 등이 있다.

주 류

주류에는 가야곡왕주, 구기자약주(구기자술), 국화동동주(소곡주), 금산고려인삼주, 두견주(면천두견주), 솔잎동동주, 솔잎찹쌀동동주, 송순주, 수수동동주, 약술, 연엽주, 오미자주, 한산소곡주 등이 있다.

5. 충청남도의 명절과 시절음식

우리나라는 벼 생산을 중심으로 하는 농경국가이다. 농사와 계절은 관계가 깊어 봄에는 파종하고 가을에는 수확하는 구분이 확실하였다. 벼 생산의 시작으로 봄과 여름에는 작물의 무사생장을 빌고 가을에는 수확에 대한 감사제의가 생겼으며 이들은 농경의례로 정착되었다. 농경의례는 파종의례, 성장의례, 수확의례, 예축의례가 있는데, 파종의례(播種儀禮)는 씻나락 담그기 · 묘판 만들기 · 씻나락 뿌리기 · 모내기가 있고, 성장의례(成長儀禮)로는 단오제 · 농신제 · 유두제 · 풋국 · 기우제가 있다. 수확의례(收穫儀禮)로는 천신 · 제천의식, 예축의례(豫祝儀禮)는 음력 12월부터 정월 상원(正月 上元)을 중심으로 하여 거행되는 의례를 말한다.

각 의례마다 사계절에 나오는 식품으로 음식을 만들어 제사를 지내고 즐겼는데, 이것이 세시음식(歲時飮食)이 되었다. 세시음식의 찬품은 농경의례와 선조들의 음식생활문화를 연결시켜 주는 대표적인 전통 식생활 문화이다. 세시풍속과 관련된 시식과 절식은 그것이 명절음식으로서의 의미 외에도 제철식품으로 음식을 만들었기 때문에 맛과 영양이 우수하고 선조들의 슬기로움과 음식에 대한 사상이 깃들어 있으므로 보존 계승하면서 지금의 식문화에 접목할 가치가 충분히 있다고 여겨진다.

6. 충청남도의 통과의례음식 상차림

과거에 즐겨 먹었던 음식을 꾸준히 대를 이어 발전시키고 미래를 위해 계승시키는 것은 음식문화에 역사성을 부여하는 중요한 행위이다. 특히 어떤 특정 지역의 역사성 있는 음식을 정착시킨 것이 음식문화이며 향토음식이라 할 수 있다.

큰상차림

혼례, 회갑, 희년을 축하하는 특별한 상차림이다.

상을 차릴 때에는 각종 생과일, 강정, 다식, 실백, 호두, 생률, 대추, 곶감, 당속, 전과, 편이나 약식, 포 등을 모두 높이 고여 놓는다. 고임새 할 때는 색을 맞추어 고여 올리고 실백으로 고일 때는 수(壽), 복(福) 등의 축하의 뜻이 있는 글자가 반듯하게 나타나도록 실백(잣)에 물을 들여 고인다. 높이 고인 것을 앞줄에 놓고 받는 분의 앞쪽으로는 장국상을 차린다. 이때의 차림은 온면, 찜, 신선로, 전, 편육 등을 차린다.

주물상차림

큰상을 차릴 때 앞줄에는 과실을 고여 담고 그 뒷줄 양옆으로는 포나 갈납, 약식 등을 고인다. 상 받는 분의 바로 앞에는 장국상을 차리는데, 이 장국상을 주물상이라고도 한다. 이 주물상에는 국수장국, 신선로, 찜, 전유어, 잡채, 편육, 나박김치 등의 음식을 올리며 약식도 따로 작은 합에 담고 먹을 수 있게 여러 가지 음식을 작은 그릇에 담아 놓는다.

제사상차림

그림 2 제사상

조상에게 제사를 올리는 행위는 지금까지 인간의 역사에서 전 세계를 통하여 보편적으로 행하는 행위의 연속이며 하나의 문화가 되었다.

충청도 제사상에 올리는 음식은 메, 면, 탕, 산적, 어적, 향누름적, 포, 제주, 식혜, 과일, 나물 등을 쓴다. 특히 적과 탕은 한 가지나 세 가지 또는 다섯 가지로 하여 홀수로 놓고 생과일과 과자도 홀수로 놓는다.

제사상에 올리는 향누름적은 도라지, 파, 고비, 고기를 길게 잘라 양념하여 볶아 꼬치에 끼고 알지단채로 장식하며, 산적은 쇠고기를 두툼하게 저며 갖은 양념을 하여 석쇠에 굽는다. 홍어적은 두부적 위에 놓는데, 적을 만들 때는 작은 꼬챙이를 깎아서 사용한다. 나물의 가짓수도 1, 3, 5 등 홀수로 한다.

제2장

충청남도의 전통향토음식 종류와 만드는 방법

충청남도 전통향토음식 편집 내용

충청남도 전통향토음식 만드는 법

- 주식류
- 부식류
- 떡 류
- 과정류
- 음청류
- 주 류

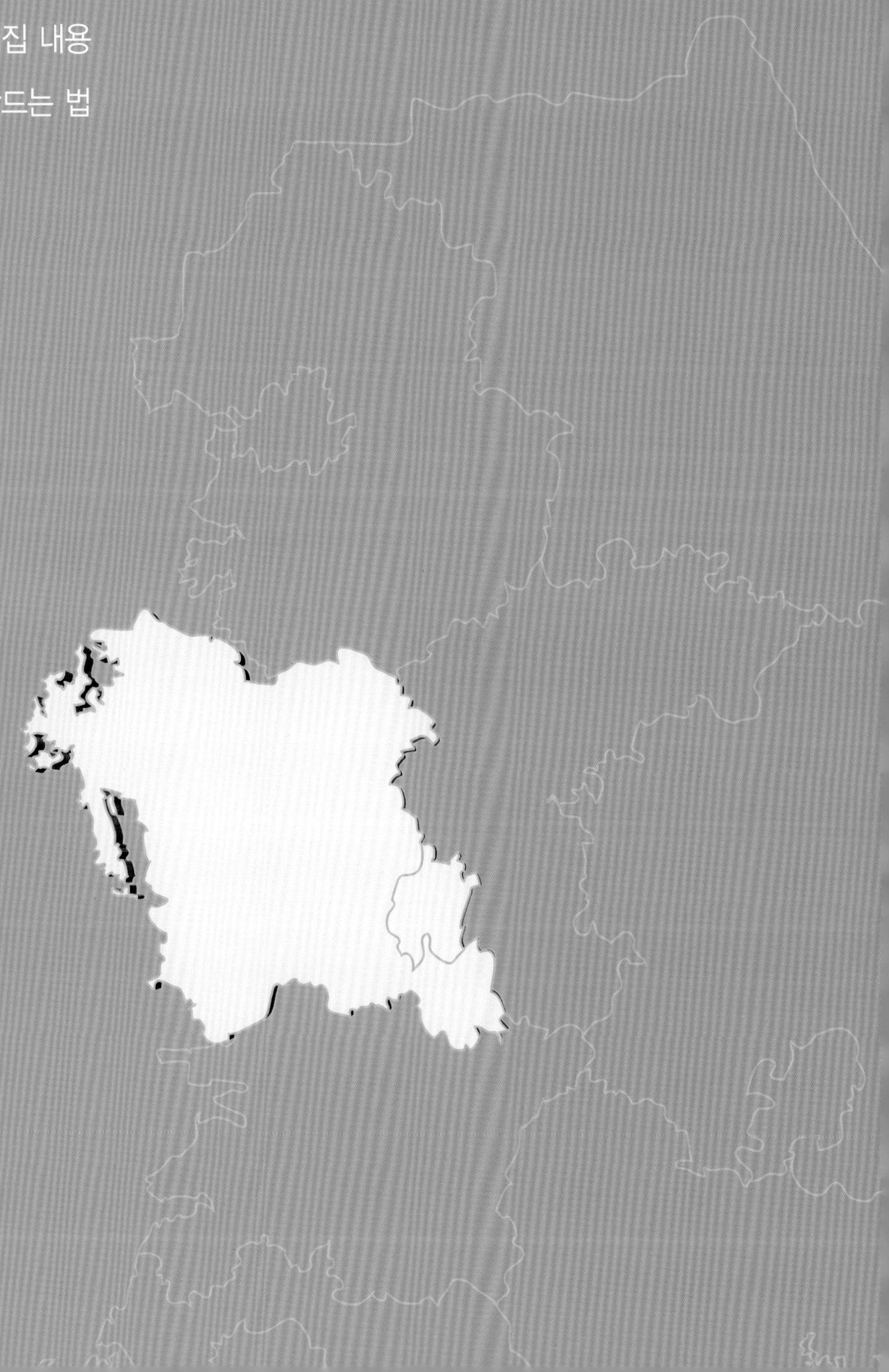

충청남도 전통향토음식 편집 내용

본 서에 수록된 239종의 충청남도 전통향토음식은 각 음식에 대해 분류, 음식명, 재료 및 분량, 만드는 법, 참고사항, 출처 및 정보제공자, 조리시연자, 고문헌에 의한 기록, 사진 자료 등으로 구성되어 있다. 조리방법에 대한 자료의 표준화는 기준서(신승미 외, 한국 전통음식 전문가들이 재현한 우리 고유의 상차림, 교문사, 2005)에 따르되 보다 구체적인 사항은 전문가협의회를 통해 표준화 기준을 정한 후 그 기준에 따라 정리하였다.

- **분류** 각 음식의 조리방법 상단에 분류를 명기하였다. 분류 기준은 대분류를 주식류, 부식류, 떡류, 과정류, 음청류, 주류 등 6항목, 중분류를 밥, 죽, 미음 · 범벅 · 응이 등 55항목, 세분류를 43항목, 세세분류를 119항목으로 나누었다. 본 서에서는 주식류, 부식류, 과정류는 중분류를 기준으로 작성하였고, 떡류, 음청류, 주류는 대분류를 기준으로 작성하였다. 다만, 부식류 중 나물류에 한하여 세분류까지 나누어 표기하였다.

- **음식명** 가급적 표준어로 음식명을 기록하였으며 지방 특색을 살리고자 표준 음식명 옆에 ( )로 지방 고유의 음식명이나 방언을 중복 표기하였다. 수록순서는 각 분류에서 사진자료가 있는 음식을 가나다순으로 먼저 수록하였고, 다음 사진자료가 없는 음식을 수록하였다.

- **재료 및 분량** 본 서에 실린 음식의 식품 재료는 가능한 한 4인 분량을 기준으로 작성하였으며, 보통 대량 조리로 만들어지는 음식인 김치류, 장아찌류, 젓갈 및 식해류, 떡류, 다과류, 일부 음청류, 장류, 식초류 또는 주류 등에 대해서는 대량 조리가 가능한 분량으로 제시하였다. 식품재료의 분량에 대한 표기법은 국제적인 CGS 단위를 기본으로 한 뒤 일반적으로 많이 사용하는 컵, 큰술, 작은술 등의 단위를 병행 표기하였다(표 참조). 양념이 따로 필요한 음식의 경우 양념에 사용되는 식품재료는 '양념' 으로 묶어 따로 표기하였다.

  ※ 실험조리 및 현지 조리법을 재현한 품목 이외의 일부 음식에 대한 재료의 분량은 표기가 불가능하였음

- **만드는 법** 표준어, 과학적 표현, 통일된 용어 사용 등을 기준으로 만드는 방법을 자세히 설명하였다.

- **참고사항** 음식이나 재료의 방언에 대한 설명, 전승 내력이나 특징, 조리상의 주의점, 이용하는 방법 등을 수록하였다.

- **출처 및 정보제공자, 조리시연자** 출처는 지역의 전통향토음식이 기록되어 있는 문헌이나 인터넷 사이트를 연도순으로 제시하였고, 정보제공자는 음식에 대한 정보를 제공해 준 사람의 이름을 가나다순으로 제시하고 주소를 리(동)까지 나타내었다. 조리시연자는 책에 수록된 음식을 시연한 사람(현지조사 시 조리시연을 해준 사람 또는 지역 조리전문가)에 대하여 이름과 주소를 제시하였다.

- **고문헌에 의한 기록** 책에 수록된 음식의 역사성 검증 결과 고문헌에 기록이 있는 음식인 경우, 기록이 있는 고문헌과 그 문헌에서 표기된 음식명을 ( ) 안에 제시하였다.

- **사진 자료** 충청남도 전통향토음식 중 일부 음식에 대해서는 재료와 조리과정, 그리고 완성된 음식에 대해 사진 자료를 수록하였다. 사진에 표기된 번호는 해당되는 만드는 법의 번호를 의미한다.

식품량 측정 계량단위

종 류	계량단위별 중량		
	식품명	계량단위	무게(g)
곡 류	기장쌀	1컵	160
	밀	1컵	160
	밀가루	1컵	110
		1큰술	8
	밥	1공기	210
	보리쌀	1컵	145
	수 수	1컵	145
	쌀	1컵	180
	쌀가루	1컵	150
	압 맥	1컵	110
	엿기름가루	1컵	115
	옥수수	1컵	145
	조	1컵	145
	차수숫가루	1컵	90
	차 조	1컵	160
	찹 쌀	1컵	167
	찹쌀가루	1컵	100
	현 미	1컵	160
감자류	감 자	1개	150
	강낭콩	1컵	204
	고구마	1개	245
	전 분	1컵	158
		1큰술	7
	토 란	1개	45
두 류	거피팥고물	1컵	114
	거피팥고물(볶은 것)	1컵	108
	녹 두	1컵	200
	대 두	1컵	160
	두 부	1모	508
	메줏가루	1컵	80
	순두부	1개	400
	콩가루(볶은 것)	1컵	85
	콩가루(생 것)	1컵	122
	팥	1컵	211
견과류	들 깨	1컵	110
	땅 콩	1컵	159

종 류	계량단위별 중량		
	식품명	계량단위	무게(g)
견과류	밤(깐 것)	1컵	160
	밤	1개	16
	오미자	1컵	40
	은 행	6알	12
	은행(깐 것)	1컵	160
	잣	1컵	140
	잣가루	1컵	90
	참 깨	1컵	120
	행인(깐 것)	1컵	120
	호 두	2알	20
	호두(깐 것)	1컵	80
채소류	가 지	1개	120
	고비(데친 것)	1컵	300
	고사리(데친 것)	1컵	200
	깻 잎	1단(10장)	16
	당 근	1개	146
	대 파	1뿌리	35
	더덕(대)	1뿌리	39
	더덕(소)	1뿌리	23
	도라지	5뿌리	100
	두 릅	10개	120
	마 늘	5쪽	21
		1컵	110
		1통	30
	무	1개	850
	배 추	1포기	1,265
	붉은 고추	1개	16
	상 추	5장	30
	생 강	1쪽	4
		1컵	115
	애호박	1개	382
	양배추	1통	1,244
		2장	72
	양 파	1개	158
	연 근	1개	192
	오 이	1개	143

종 류	계량단위별 중량		
	식품명	계량단위	무게(g)
채소류	우 엉	1뿌리	400
	죽순(삶은 것)	1개	200
	토마토	1개	153
	풋고추	4개	56
버섯류	느타리버섯	5개	100
	석이버섯(건)	4개	4
	양송이버섯	5개	84
	표고버섯(건)	3개	9
	표고버섯(생)	5개	65
과실류	감	1개	140
	곶 감	1개	32
	귤	1개	70
	대 추	1컵	70
	대추(건)	5개	12
	딸 기	10개	100
	모 과	1개	500
	배	1개	370
	복숭아	1개	302
	사 과	1개	244
	살 구	2개	85
	수 박	1/2통	2,300
	앵 두	1컵	150
	유 자	1개	110
	참 외	1개	500
	포 도	1송이	292
육 류	꿩	1마리	1,000
	다진 육류	1컵	200
	닭	1마리	1,270
	닭다리(생)	1토막	90
	영 계	1마리	300
난 류	달 걀	1개	50
	메추리알	5알	52
어패류	가자미	1마리	337
	갈 치	1마리	323
		1토막	80
	갈치포	1마리	90
		3토막	55
	갑오징어	1마리	260
	건해삼	1마리	111

종 류	계량단위별 중량		
	식품명	계량단위	무게(g)
어패류	게(대)	1마리	434
	게(중)	1마리	251
	고등어	1마리	393
		1토막	150
	굴	1컵	200
	굴 비	1마리	89
	꼴뚜기	5마리	70
	꽁 치	1마리	74
	낙 지	1마리	254
	넙 치	1마리	1,100
	노가리(대)	1마리	12
	노가리(소)	1마리	4
	농 어	1마리	2,000
	대 하	1마리	100
	대합살	1마리	51
	도 미	1마리	1,000
	동 태	1마리	540
	동태포	6토막	90
	멸치(건)	7마리	14
		1컵	50
	명 태	1마리	1,053
		1토막	120
	미더덕	5마리	54
	민 어	1마리	2,300
	바지락살	5개	15
	방 게	4마리	28
	뱅어포	1장	20
	병 어	1마리	480
		1토막	96
	북 어	1마리	137
		1토막	25
	삼 치	1마리	334
		1토막	80
	새우(생)	5마리	56
	새우(건)	30마리	23
	새우살	1컵	120
	소라(삶은 것)	2개	75
	오징어(건)	1마리	61
	오징어(생)	1마리	352

종 류	계량단위별 중량		
	식품명	계량단위	무게(g)
어패류	옥 돔	1마리	591
	우렁쉥이(멍게)	1마리	184
	우렁이(삶은 것)	2개	91
	임연수어	1마리	413
		1토막	120
	전갱이	1마리	300
	전 복	1마리	83
	정어리	1마리	107
	조갯살	1컵	200
	조 기	1마리	167
	준 치	1마리	700
	쥐치포	1마리	26
	한 치	1마리	203
	해 삼	1마리	194
	홍 합	3개	65
	홍합살	1컵	200
해조류	김	1장	2
	다시마(20cm)	1장	20
	불린 미역	1컵	150
조미료류	간 장	1큰술	17
		1작은술	5.8
		1컵	230
	겨자가루	1큰술	6
		1작은술	2
	고춧가루	1컵	80
		1큰술	5
		1작은술	2
	고추장	1컵	260
		1큰술	18
		1작은술	6
	깨소금	1컵	120
		1큰술	6
		1작은술	3
	꿀	1컵	292
		1큰술	9
		1작은술	3
	다진 파	1컵	120

종 류	계량단위별 중량		
	식품명	계량단위	무게(g)
조미료류	다진 파	1큰술	9
		1작은술	3
	된 장	1컵	280
		1큰술	18
		1작은술	6
	물 엿	1컵	292
		1큰술	20
		1작은술	6
	생강즙	1컵	210
		1큰술	10
		1작은술	3.3
	설 탕	1컵	150
		1큰술	12
		1작은술	3.5
	소 금	1컵	130
		1큰술	18
		1작은술	3.5
	실고추	1컵	30
		1큰술	1.9
		1작은술	0.6
	식용유	1컵	140
		1큰술	12
		1작은술	4
	식 초	1컵	200
		1큰술	14
		1작은술	5
	조 청	1컵	292
		1큰술	21
		1작은술	7
	참기름	1컵	190
		1큰술	12
		1작은술	3.5
	통 깨	1컵	90
		1큰술	8
		1작은술	3
	후춧가루	1큰술	8
		1작은술	3

충청남도 향토음식

<table>
<tr><th>대분류</th><th colspan="2">중분류</th><th>지역/상용음식</th></tr>
<tr><td rowspan="7">주식류
(38)</td><td colspan="2">밥(11)</td><td>공주장국밥, 굴밥, 도토리묵밥(구즉도토리묵밥), 호두산채비빔밥, 구기자순나물밥, 구기자순비빔밥, 돌쌈밥, 쑥밥, 영양굴밥, 올벼밥(찌갱이밥), 해당화색반</td></tr>
<tr><td colspan="2">죽(12)</td><td>인삼어죽, 구기자죽, 연자죽, 굴죽, 바지락죽, 뚝새풀씨죽(독사풀씨죽), 보리볶음죽, 보리콩죽, 호박풀떼기죽, 어죽, 인삼죽, 호박죽</td></tr>
<tr><td colspan="2">미음 · 범벅 · 응이(1)</td><td>호박범벅</td></tr>
<tr><td colspan="2">국수 · 수제비
(10)</td><td>호박잎장국수제비, 구기자칼국수, 밀국낙지칼국수, 바지락칼국수, 콩물칼국수, 해물칼국수, 호박국수, 고둥수제비(올갱이수제비), 버섯수제비, 삭수제비</td></tr>
<tr><td colspan="2">만 두</td><td></td></tr>
<tr><td colspan="2">떡국(4)</td><td>구기자떡국, 닭생떡국, 생떡국, 쑥장국(쑥생떡국)</td></tr>
<tr><td colspan="2">기 타</td><td></td></tr>
<tr><td rowspan="18">부식류
(152)</td><td colspan="2">국(29)</td><td>굴냉국, 넙치아욱국, 밀국낙지탕, 박속낙지탕, 뱅어국(실치시금치국), 세모국 1·2, 오골계탕, 청포묵국, 굴국, 꽃게알된장국, 꽃게탕(꽃게매운탕), 낙지국, 대하탕, 머위들깨탕, 버섯탕, 비지국, 사슴곰탕, 선지국, 싱어아욱국(세화아욱국), 쏙국(설게국), 열무쇠고기국, 옻닭, 우럭백숙, 우렁이국, 인삼추어탕, 장어보양탕, 해삼국, 황복국</td></tr>
<tr><td colspan="2">찌개 · 전골
(14)</td><td>게국지찌개, 꽃게찌개, 돼지고기곱창찌개, 메밀풀장, 생선잡탕찌개, 서대찌개, 우거지찌개 1·2, 우럭젓국찌개, 우렁이된장찌개, 천문동조기찌개, 호박갈치찌개, 황복찌개(물잠뱅이찌개), 굴전골</td></tr>
<tr><td colspan="2">김치(13)</td><td>게국지김치(호박게국지), 고들빼기갈치김치, 고추무김치, 굴깍두기, 꺼먹김치, 능쟁이석박지, 더덕물김치, 새우젓깍두기, 시금치국물김치, 씀바귀김치, 인삼김치, 짠지, 호박지</td></tr>
<tr><td rowspan="3">나물(10)</td><td>생채(3)</td><td>굴생채, 냉이회, 묘삼생무침</td></tr>
<tr><td>숙채(4)</td><td>자운영나물, 죽나무순무침, 질경이나물, 파나물</td></tr>
<tr><td>기타(3)</td><td>도토리묵굴무침, 우무묵무침, 원추리잡채</td></tr>
<tr><td colspan="2">구이(5)</td><td>백마강장어구이, 전어구이, 더덕구이, 붕장어구이, 오징어불고기</td></tr>
<tr><td colspan="2">조림 및 지짐이(4)</td><td>고둥간장조림, 고추부각조림, 붕어조림, 빙어조림(도리뱅뱅이)</td></tr>
<tr><td colspan="2">볶음 · 초(1)</td><td>건바지락볶음</td></tr>
<tr><td colspan="2">전 · 적(11)</td><td>인삼고추장떡(인삼장떡), 호박고지적, 고추장떡, 나물밥전, 늙은호박부침, 돼지고기완자부침, 무부침, 바지락전, 보리장떡부침, 파래전, 고추산적</td></tr>
<tr><td colspan="2">찜 · 선(12)</td><td>꽃게찜, 서대찜(박대찜), 붕어찜 1·2, 참붕어찜, 가오리찜(갱개미찜), 상어찜, 돼지족찜, 솔잎닭찜, 인삼닭찜, 쏙찜(설게찜), 홍어어시육</td></tr>
<tr><td colspan="2">회(13)</td><td>능쟁이게무침, 뱅어회(실치회), 위어회(우어회), 전어회(우여회, 전어회무침), 주꾸미무침, 주꾸미회, 가오리회, 고시락무침, 꽃게무침, 동치미굴회, 바지락회, 소라회무침, 톳무침</td></tr>
<tr><td colspan="2">마른반찬(3)</td><td>고추부각, 붕어강정, 호두고추장무침</td></tr>
<tr><td colspan="2">순대 · 편육 · 족편
(1)</td><td>병천순대</td></tr>
<tr><td colspan="2">묵 · 두부(5)</td><td>박대묵, 밤묵, 불거지묵(불거지떡), 호박묵</td></tr>
<tr><td colspan="2">쌈</td><td></td></tr>
</table>

대분류	중분류	지역/상용음식
부식류 (152)	장아찌(11)	묵장아찌, 호두장아찌, 마늘장아찌, 마늘종장아찌, 감장아찌, 머위장아찌, 무장아찌, 무청장아찌, 얼린무장아찌, 산초장아찌, 우무장아찌(우묵장아찌)
	젓갈 · 식해 (11)	박하지게장(바우지게장), 서산어리굴젓, 자하젓, 꽃게장, 능쟁이게장, 박대젓, 밴댕이젓, 뱅어액젓(실치액젓), 새우젓, 쏙무젓(설게무젓), 쏙장(설게장)
	장(10)	우렁이쌈장, 지례장(찌엄장), 등겨장(딩겨장), 겨장(쩜장, 저장), 담북장(담뿍장), 보리고추장, 지장, 집장, 청국장, 호박고추장
	식 초	
	기 타	
떡 류 (18)		약편, 송기떡(송기송편), 골담초떡, 구기자순갠떡, 꼬리떡, 달팽이떡, 망개잎떡(멍가잎떡), 메싹떡, 쏙떡(설게떡), 방울기주, 송화솔잎경단, 송화솔잎절편, 오색국화송편, 인삼떡, 해당화전, 칠곡떡, 호박송편(고지송편), 호박고지떡
과정류 (7)	유밀과	
	유과(2)	생강한과, 구기자한과(산자, 강정)
	다 식	
	정과(1)	인삼정과
	과 편	
	숙실과	
	엿강정(1)	구기자쌀강정
	당(엿)(3)	구절초엿, 무릇고음, 송화쌀엿(솔꽃쌀엿)
	기 타	
음청류(10)		보리식혜(보리감주, 보리단술), 구기자차(구기자한방차), 길경차, 대나무차, 맥문동차, 보리미숫가루, 송차, 호박물, 고추식혜, 약식혜
주 류 (14)		구기자약주(구기자술), 약술, 한산소곡주, 연엽주, 가야곡왕주, 국화동동주(소곡주), 솔잎동동주, 금산고려인삼주, 두견주(면천두견주) 1·2, 솔잎찹쌀동동주, 수수동동주, 송순주, 오미자주

밥

공주장국밥

재료

밥 840g(4공기) • 고사리 60g • 시금치 60g • 도라지 60g • 쇠고기(양지머리) 100g • 무 100g • 달걀 50g(1개) • 대파 10g(¼뿌리) • 물 1.6L(8컵) • 실고추 · 국간장 · 소금 · 다진 마늘 · 다진 파 · 참기름 · 깨소금 · 후춧가루 약간

만드는 법

1. 냄비에 물을 붓고 쇠고기를 넣어 끓여 육수를 낸다.
2. 고기가 반 정도 익었을 때 무를 통째로 넣고 더 끓인다.
3. 시금치는 데쳐서 4cm 정도의 길이로 썬 다음 참기름, 소금, 다진 파, 다진 마늘, 깨소금으로 무친다.
4. 고사리는 물에 불려 간장, 깨소금, 다진 파, 다진 마늘, 참기름을 넣고 무친 후 볶는다.
5. 도라지는 찢어 소금으로 주물러 쓴맛을 빼낸 후 물로 헹군 다음 간장, 다진 파, 다진 마늘, 참기름을 넣어 무쳐 육수를 약간 넣고 팬에 볶는다.
6. 달걀로 황백지단을 부쳐 곱게 채 썰고(5×0.2×0.2cm), 대파는 어슷썬다(0.3cm).
7. 2의 고기와 무가 익으면 건지고 국물은 면포를 깔은 체에 거른다.
8. 육수에 국간장으로 색을 내고 소금으로 간을 하여 끓인다.
9. 고기는 결 반대 방향으로 얇게 저며 썰고, 무는 나박썰어(2.5×2.5×0.2cm) 국간장, 다진 파, 다진 마늘, 깨소금, 참기름, 후춧가루를 넣고 고기와 무를 무친다.
10. 육수가 끓으면 양념한 고기와 무를 넣고 끓이다가 소금과 후춧가루를 넣는다.
11. 그릇에 밥을 담고 국물을 부은 다음 그 위에 삼색나물을 올리고 어슷썬 대파, 황백지단, 실고추를 올린다.

2

3~6

10

11

조리시연자
김찬화, 대전광역시 서구 월평동

굴밥

재 료

쌀 300g($1\frac{2}{3}$컵) • 굴 300g($1\frac{1}{2}$컵) • 콩나물 150g • 김 2g(1장) • 밥 짓는 물 340mL($1\frac{2}{3}$컵) • 들기름 1큰술

양념장 간장 3큰술 • 고춧가루 1큰술 • 다진 달래 $\frac{1}{2}$작은술 • 다진 파 $\frac{1}{2}$작은술 • 다진 마늘 $\frac{1}{2}$작은술 • 참기름 $\frac{1}{2}$작은술 • 통깨 약간

만드는 법

1. 쌀은 깨끗하게 씻어 30분가량 불린다.
2. 콩나물은 흐르는 물에 깨끗하게 씻는다.
3. 굴은 소금물에 씻어 물기를 뺀다.
4. 솥에 불린 쌀을 넣고 그 위에 콩나물을 얹은 다음 물을 붓고 밥을 짓는다.
5. 밥물이 끓으면 들기름을 위에 끼얹고 그 위에 굴을 얹어 약한 불에서 뜸을 들인다.
6. 뜸이 들면 골고루 섞어 그릇에 담고 김을 구워 잘게 부숴 위에 얹는다.
7. 간장에 고춧가루, 다진 달래, 다진 파, 다진 마늘, 참기름, 통깨를 넣고 양념장을 만들어 굴밥과 함께 곁들인다.

1

3

4

5

참고사항

- 굴은 옛날부터 훌륭한 식량자원으로 신석기 패총에서도 다량의 굴 껍데기가 발견될 정도로 상용하였다. 굴은 회, 젓갈, 죽, 전골 등의 다양한 재료로 이용되고 있어 바닷가 인접한 마을에서는 계절에 따른 별미로 굴밥을 손꼽을 수 있다. 굴 특유의 향긋한 냄새가 입맛을 돋우며 소화가 잘 되어 각광을 받고 있다.
- 서해안의 굴은 알이 작고 통통한 것이 특징이다.

정보제공자
박병숙, 충청남도 보령시 천북면 하만3리
조춘자, 충청남도 태안군 태안읍 장산리

조리시연자
김찬화, 대전광역시 서구 월평동

고문헌
조선무쌍신식요리제법(석화반 : 石花飯)

밥

도토리묵밥(구즉도토리묵밥)

재료

도토리묵 250g • 배추김치 100g • 삭힌 고추 20g • 김 2g(1장) • 통깨 1큰술

육수 북어머리 1개 • 대파 35g(1뿌리) • 마늘 10g(2쪽) • 마른 고추 1개 • 다시마 10g(1장) • 소금 약간 • 물 1L(5컵)

양념장 간장 3큰술 • 다진 파 1큰술 • 다진 마늘 1작은술 • 고춧가루 1작은술 • 참기름 1작은술

만드는 법

1. 냄비에 북어머리, 대파, 마늘, 마른 고추, 다시마를 넣고 물을 부어 1시간 이상 끓인다.
2. 국물이 뽀얗게 우러나면 체에 밭쳐 소금으로 간을 맞추고 육수를 준비해 둔다.
3. 도토리묵은 굵게 채 썰어(5×1×1cm) 끓는 물에 살짝 데친다.
4. 배추김치는 속을 털어 내어 송송 썰고(0.5cm), 삭힌 고추도 송송 썰어 놓는다.
5. 간장에 다진 파, 다진 마늘, 고춧가루, 참기름을 넣어 양념장을 만든다.
6. 3의 도토리묵을 양념장으로 무쳐 그릇에 담고 도토리묵이 잠기게 육수를 부은 다음 4의 배추김치와 삭힌 고추를 얹는다.
7. 구운 김을 부수어 고명으로 올리고 통깨를 뿌린다.

1

2

3

6

참고사항

- 『고려사절요』에 따르면, 충렬왕 24년에 흉년이 들어 백성이 굶주리는 것을 생각하여 왕이 반찬을 줄이고 도토리를 올리게 하여 먹었다는 구절이 나오는 것으로 보아 도토리는 오랫동안구황식품으로 이용되었음을 알 수 있다.
- 국물에 밥을 말아 먹기도 한다.

출처
충청남도 농업기술원, 충남 향토음식 맛 기행, 2005

정보제공자
최분례, 충청남도 천안시 직산면 수헐리

조리시연자
김찬화, 대전광역시 서구 월평동

호두산채비빔밥

재료

쌀 360g(2컵) • 취나물 40g • 다래순 40g • 고사리 40g • 표고버섯 40g(3개) • 당근 20g • 도라지 20g • 쇠고기 100g • 달걀 50g(1개) • 호두 80g(8개) • 밥 짓는 물 470mL(2⅓컵) • 고추장 4큰술 • 호두기름 · 식용유 적량

양념 간장 1큰술 • 다진 파 1큰술 • 다진 마늘 1작은술 • 설탕 1큰술 • 후춧가루 약간

만드는 법

1. 쌀은 깨끗이 씻어 30분가량 불린 다음 물을 붓고 밥을 짓는다.
2. 쇠고기는 다지고, 표고버섯, 당근은 채 썰어(5×0.2×0.2cm) 양념하여 볶아 놓는다.
3. 취나물은 삶아 찬물에 하루 정도 담가 쓴맛을 우려 내고, 고사리와 다래순은 삶아 놓는다.
4. 취나물, 고사리, 다래순은 물기를 꼭 짠 후 양념하여 볶는다.
5. 밥은 밥그릇에 따로 담아 내고, 나물은 비빔그릇에 담은 후 황백지단, 볶은 쇠고기, 잘게 다진 호두를 고명으로 얹어 호두기름과 고추장을 곁들인다.

❀ 참고사항

광덕산에서 자생하는 산채를 이용한 담백한 맛의 호두산채비빔밥은 산채 각각마다 특유의 향과 맛을 지니고 있어 별미로 꼽히며, 호두를 넣어 씹히는 맛이 고소하다.

출 처
충청남도 농업기술원, 충남 향토음식 맛 기행, 2005

조리시연자
윤영애, 충청남도 천안시 광덕면 광덕리

밥

구기자순나물밥

재료

쌀 360g(2컵) • 말린 구기자순 40g • 밥 짓는 물 470mL(2⅓컵)

양념장 간장 3큰술 • 고춧가루 1큰술 • 다진 붉은 고추 1큰술 • 깨소금 ½큰술 • 참기름 ½큰술

만드는 법

1. 쌀은 깨끗이 씻어 체에 밭쳐 놓는다.
2. 구기자순은 3시간 정도 물에 불려 깨끗이 헹군 다음 물기를 꼭 짠다.
3. 솥에 쌀을 안치고 그 위에 구기자순을 고루 얹고 물을 부어 끓인다.
4. 밥이 끓으면 중간 불로 줄이고 쌀알이 퍼지면 불을 약하게 하여 뜸을 충분히 들인다.
5. 밥을 고루 섞어 그릇에 담고 양념장을 곁들인다.

출처
충청남도 농업기술원, 충남 향토음식 맛 기행, 2005

구기자순비빔밥

재 료

밥 840g(4공기) • 구기자순 150g • 표고버섯 150g(12개) • 당근 100g(⅔개) • 콩나물 150g • 달걀 100g(2개) • 고추장 4큰술 • 식용유 1큰술 • 소금 1작은술 • 참기름 1작은술

양념 간장 2큰술 • 설탕 1큰술 • 다진 파 1큰술 • 다진 마늘 1작은술 • 통깨 1작은술 • 참기름 1작은술

만드는 법

1. 구기자순을 데쳐서 양념의 반을 넣고 무친다.
2. 당근은 채 썰어 볶고, 콩나물은 삶아 소금과 참기름으로 무친다.
3. 표고버섯은 채 썰어 남은 양념을 넣고 버무린 다음 식용유 두른 팬에 볶는다.
4. 달걀은 황백지단을 부쳐 곱게 채 썬다(5×0.2×0.2cm).
5. 밥 위에 구기자순나물, 당근, 콩나물, 표고버섯, 황백지단을 보기 좋게 얹고 고추장을 곁들인다.

❄ 참고사항

구기자나무는 전국의 들이나 냇가의 언덕에서 자라며, 요즘은 재배도 하여 약재시장에 많이 나와 있다. 한방에서는 구기자나무의 열매를 '구기자', 뿌리껍질을 '지골피' 라 하여 약재로 쓴다. 이른 봄에 연한 구기자순으로 갖은 양념을 해 여러 가지 나물과 같이 비벼서 구기자순비빔밥을 해먹었다.

정보제공자
김용남, 충청남도 청양군 정산면 대박리

밥

돌쌈밥

재 료

찹쌀 80g(½컵) • 보리쌀 20g • 흑미 20g • 조 10g • 수수 10g • 율무 10g • 검은콩 10g • 건표고버섯 5g(1개) • 고구마 50g • 달걀 50g(1개) • 당근 10g • 돼지고기 수육 200g • 밥 짓는 물 200mL(1컵)

양념장 간장 3큰술 • 고춧가루 1큰술 • 다진 붉은 고추 1큰술 • 깨소금 ½큰술 • 참기름 ½큰술

만드는 법

1. 쌀과 잡곡을 깨끗이 씻어서 2시간 정도 물에 불린다.
2. 건표고버섯은 물에 불린 뒤 씻어 채 썬다.
3. 고구마, 당근은 깨끗이 씻어 깍둑썰기(사방 2cm) 하고, 돼지고기 수육도 같은 크기로 썰어 놓는다.
4. 냄비에 쌀, 잡곡, 2, 3의 재료를 모두 넣고 물을 부어 센 불에서 7분 끓이고, 밥물이 잦아들면 불을 약하게 하여 7분 정도 뜸을 들인 후 먹기 직전 달걀노른자를 얹는다.
5. 양념장을 곁들인다.

출 처
충청남도 농업기술원, 충남 향토음식 맛 기행, 2005

밥

쑥밥

재료

쌀 360g(2컵) • 쑥 80g • 밥 짓는 물 470mL(2⅓컵)

양념장 간장 4큰술 • 고춧가루 4작은술 • 다진 파 2작은술 • 다진 마늘 1작은술 • 깨소금 1작은술 • 참기름 2작은술

만드는 법

1. 냄비에 쌀을 씻어 안치고 물을 부어 끓인다.
2. 뜸들이기 전에 쑥을 씻어 얹어 밥을 짓는다.
3. 양념장을 만들어 곁들인다.

참고사항

- 쑥은 우리나라 전역에서 생산되는 생명력 강한 풀로써 이른 봄에 어린 순을 따서 말리거나 냉동보관하면 일 년 내내 이용이 가능하다. 나른해지고 입맛이 떨어지는 봄철에 향긋한 쑥으로 '쑥인절미', '쑥굴리', '쑥전', '쑥단자', '애탕' 등은 구미를 돋우기에 족하다. 연한 잎은 일 년 내내 튀김을 만들어 강장식으로 이용할 수 있으며 '쑥절편', '쑥개피떡', '쑥송편', '쑥경단', '쑥밥', '쑥나물' 등 다양하게 쓰인다.
- 예부터 밥을 지을 때 깨끗이 손질한 쑥을 뜸들이기 전 밥 위에 올려 구황식품으로 먹어 왔다.

정보제공자
구영희, 충청남도 홍성군 결성면 구수동

영양굴밥

재료

찹쌀 160g(1컵) • 쌀 320g(1¾컵) • 굴 200g(1컵) • 밤(깐 것) 100g(10개) • 당근 50g(⅓개) • 대추 50g(⅔컵) • 인삼 2뿌리 • 은행 10g • 밥 짓는 물 600mL(3컵)

양념장 간장 4큰술 • 다진 달래 2큰술 • 물엿 · 통깨 약간

만드는 법

1. 찹쌀과 쌀은 깨끗이 씻어 물에 불리고, 굴은 소금물에 씻어 물기를 뺀다.
2. 껍질을 깐 밤은 4등분하고, 인삼은 어슷썰고, 대추는 씨를 발라 내어 0.2cm 너비로 채 썰어 놓는다.
3. 당근은 굵게 다지고, 은행은 껍질을 벗긴다.
4. 솥에 불린 쌀을 안치고 그 위에 물기를 뺀 굴과 2, 3의 재료를 넣고 물을 부어 고슬고슬하게 밥을 지어 그릇에 담아 낸다.
5. 간장에 다진 달래, 물엿, 통깨를 섞어 만든 양념장을 곁들인다.

출처
충청남도 농업기술원, 충남 향토음식 맛 기행, 2005

올벼밥(찌갱이밥)

재 료

덜 여문 벼 · 밥 짓는 물 적량

만드는 법

1. 누르스름한 벼를 베고 훑어서 솥에 찐다.
2. 솥에 찐 벼를 말려서 절구에 찧어 나온 쌀로 밥을 짓는다.

참고사항

벼가 충분히 익지 않았을 때 추석이 돌아오면 조상에게 드릴 차례상을 차리기 위해 덜 여문 벼를 베어다가 쪄서 말린 다음 찧어 밥을 해서 차례를 지냈다. 이 쌀을 충청남도에서는 '오리쌀' 이라고도 하며 입에 한 입 물고 입 속의 침으로 쌀을 불려 조금씩 씹으면 고소하고 맛이 있어 군것질이 부족했던 시절에 군것질 대용으로 상용하였다.

정보제공자
이계애, 충청남도 보령시 청라면 내현리

해당화색반

재 료

멥쌀 360g(2컵) • 해당화 30g • 밥 짓는 물 470mL(2⅓컵) • 소금 약간

만드는 법

1. 해당화를 깨끗이 씻어 둔다.
2. 쌀을 씻어 해당화와 소금을 넣고 물을 부어 밥을 짓는다.

출 처
태안군농업기술센터, 태안의 맛을 찾아서, 2003

죽

인삼어죽

재료

인삼(수삼) 2뿌리 • 민물고기(쏘가리 등) 400g • 쌀 360g(2컵) • 국수 80g • 쑥갓 50g • 물 2.4L(12컵) • 소금 약간

양념 된장 1½큰술 • 고추장 ½큰술 • 고춧가루 1½큰술 • 다진 파 5큰술 • 다진 마늘 5큰술

수제비 반죽 밀가루 110g(1컵) • 물 50mL(¼컵) • 소금 약간

만드는 법

1. 쌀은 깨끗이 씻어 30분가량 물에 불린 다음 소쿠리에 건져 물기를 빼고, 밀가루는 수제비 반죽을 해서 젖은 면포나 비닐로 덮어 놓는다.
2. 인삼(수삼)은 얇게 편 썰고(0.2cm), 쑥갓은 5cm 길이로 썬다.
3. 민물고기는 내장을 빼고 끓는 물에 푹 삶아서 체에 밭쳐 뼈를 제거한다.
4. 3에 된장, 고추장, 고춧가루를 푼 다음 40분간 끓여 놓는다.
5. 4에 불린 쌀, 인삼(수삼), 쑥갓, 다진 파, 다진 마늘을 넣고 센 불에서 끓이다가 약한 불에서 서서히 끓인다. 이때 눌지 않도록 나무주걱으로 저어 준다.
6. 충분히 끓여 쌀알이 퍼지면 수제비, 국수를 넣고 더 끓이면서 소금으로 간을 한다.

3

3

5

6

출처
농촌진흥청, 향토음식, www2.rda.go.kr/food, 2006

조리시연자
김찬화, 대전광역시 서구 월평동

죽

구기자죽

재료

불린 쌀 1컵 • 구기자열매 10g • 소주 70mL(⅓컵) • 물 1.2L(6컵) • 대추 약간

만드는 법

1. 구기자 열매는 소주에 불리고, 불린 쌀에 물을 붓고 센 불에서 끓인다.
2. 한소끔 끓인 다음 불을 약하게 줄이고 소주에 담갔던 구기자 열매를 넣어 쌀알이 퍼질 때까지 끓인다.
3. 소금으로 간을 맞추고 채 썬 대추를 고명으로 얹는다.

출처
청양군농업기술센터, 청양의 맛, 2000

죽

연자죽

재료

쌀 160g(1컵) • 연근 20g • 연자(연꽃열매) 1큰술 • 물 1.2L(6컵) • 소금 약간

만드는 법

1. 깨끗이 씻은 연근은 껍질을 벗기고 얇게 원형으로 썬 다음 끓는 물에 살짝 데친다.
2. 냄비에 불린 쌀과 데친 연근, 연자를 넣고 물을 부어 약한 불에서 끓이다가 쌀이 다 퍼지면 소금으로 간을 한다.

정보제공자
서기순, 충청남도

죽

굴죽

재료

쌀 180g(1컵) • 굴 100g(½컵) • 부추 50g • 참기름 1큰술 • 물 2.4L(12컵) • 소금 약간

만드는 법

1. 쌀은 씻어서 물에 불렸다가 물기를 빼 놓는다.
2. 굴은 소금물에 흔들어 씻어서 물기를 빼 놓고, 부추는 다듬어 씻어 0.5cm 길이로 송송 썬다.
3. 냄비에 참기름을 두르고 굴을 넣어서 볶다가 불린 쌀을 넣고 볶는다.
4. 3에 물을 붓고 센 불에서 끓이다가 한 번 끓어오르면 불을 약하게 줄인다.
5. 나무주걱으로 저으면서 쌀알이 퍼지도록 끓이다가 부추를 넣고 한소끔 더 끓인 후 소금으로 간을 한다.

고문헌
조선무쌍신식요리제법(석화죽 : 石花粥)

죽

바지락죽

재료

쌀 360g(2컵) • 애호박 150g(⅓개) • 바지락살 100g(½컵) • 쌀뜨물 2.4L(12컵) • 참기름 1큰술 • 국간장 1큰술

만드는 법

1. 쌀은 깨끗이 씻어서 쌀뜨물을 받아 둔다.
2. 애호박은 십자로 4등분하여 은행잎 모양으로 썰고, 바지락살은 곱게 다진다.
3. 냄비에 참기름을 두르고 바지락을 볶는다.
4. 바지락이 익으면 씻은 쌀을 넣어 볶다가 쌀뜨물을 부어 30분 정도 끓인다.
5. 쌀알이 푹 퍼지면 애호박을 넣어 다시 끓인다.
6. 애호박이 살짝 익으면 국간장으로 간을 맞춘다.

뚝새풀씨죽(독사풀씨죽)

재 료

쌀 180g(1컵) • 뚝새풀씨(독사풀씨) · 소금 약간 • 물 1.2L(6컵)

만드는 법

1. 뚝새풀씨를 팬에 볶아 갈아 둔다.
2. 쌀은 불려서 물기를 뺀 다음 물을 붓고 끓이다가 뚝새풀씨를 넣고 죽을 쑨다.
3. 쌀알이 퍼지면 소금으로 간을 맞춘다.

❁ 참고사항

- 뚝새풀은 둑새풀, 독사풀이라고도 하며, 논밭 같은 습지에서 무리지어 난다. 줄기는 밑 부분에서 여러 개로 갈라져 곧게 서고 높이가 20~40cm이다. 잎은 편평하고 길이가 5~15cm, 폭이 1.5~5mm이며 흰색이 도는 초록색이다.
- 끼니를 잇기 어려운 시절에 구황식품으로 먹었으며, 소의 먹이로도 쓰인다. 한방에서는 뿌리를 제외한 식물체 전부를 간맥낭(看麥娘)이라는 약재로 쓰는데, 전신부종을 가라앉히고 어린아이의 수두와 복통, 설사에 효과가 있다. 또한 씨는 찧어서 뱀에 물린 데 바른다.

출 처

네이버사전(두산백과), 100.naver.com/, 2006

정보제공자

박춘자, 충청남도 홍성군 결성면 성호리

보리볶음죽

재 료

보리쌀 90g(⅔컵) • 콩 80g(½컵) • 쌀 160g(1컵) • 물 2.4L(12컵) • 쑥 100g • 소금 1작은술 • 참기름 1작은술

만드는 법

1. 보리쌀과 콩은 각각 볶아서 빻아 가루를 만들어 놓는다.
2. 쌀은 씻어서 물에 2시간 이상 충분히 불린 다음 물기를 뺀다.
3. 두꺼운 냄비에 참기름을 두르고 쌀을 넣어 나무주걱으로 저으면서 볶다가 물을 붓고 끓인다.
4. 한소끔 끓어오르면 불을 약하게 줄이고 쌀알이 완전히 퍼져서 밥알이 투명해지면 쑥과 보리쌀가루, 콩가루를 넣고 서서히 끓인다.
5. 소금으로 간을 맞춘다.

참고사항

과거에 구황식품으로 먹던 음식이며, 보리와 콩을 넣어 고소하고 쑥의 향긋한 냄새로 봄철 입맛 없을 때 주로 해먹었다.

정보제공자
임추자, 충청남도 보령시 청소면 야현리

죽

보리콩죽

재료

콩 200g(1컵) • 동부 50g(¼컵) • 검은콩 50g(¼컵) • 쌀 50g(¼컵) • 보리쌀 40g(¼컵) • 물 2.4L(12컵) • 소금 1큰술

만드는 법

1. 콩을 깨끗이 씻어서 불려 갈아 놓고, 쌀, 동부, 검은콩도 불려 놓는다.
2. 보리쌀은 깨끗이 씻어 굵게 빻는다.
3. 냄비에 물을 붓고 불린 쌀, 동부, 검은콩을 넣어 끓이다가 쌀알이 퍼지면 보리쌀가루와 갈아 놓은 곡물을 넣고 서서히 끓인 다음 소금으로 간을 맞춘다.

정보제공자
이순희, 충청남도 보령시 청라면 내현리

죽

호박풀떼기죽

재료

늙은 호박 2kg(½개) • 쌀 80g(½컵) • 팥 160g(¾컵) • 쌀가루 30g • 물 3L(15컵) • 소금 약간

만드는 법

1. 늙은 호박은 깨끗이 씻어 반으로 잘라서 속을 긁어 낸 다음 냄비에 팥과 물을 같이 넣어 끓인다.
2. 호박이 푹 무르면 넓은 그릇에 꺼내어 살을 긁어 내고, 팥은 계속해서 끓인다.
3. 팥이 거의 물러지면 불린 쌀을 넣고 20분간 더 끓인다. 쌀알이 퍼지면 긁어 낸 호박살을 넣고 끓인다.
4. 죽이 묽으면 쌀가루를 넣고 다시 한소끔 끓여서 소금으로 간을 맞춘다.

죽

어 죽

재 료

민물고기(붕어 등) 800g • 민물새우 100g(9마리) • 불린 쌀 200g(1컵) • 국수 200g • 깻잎 · 소금 약간 • 풋고추 15g(1개) • 물 2L(10컵) • 고추장 2큰술 • 고춧가루 2큰술 • 다진 양파 2큰술 • 다진 마늘 2큰술 • 들깻가루 2큰술 • 참기름 1큰술

만드는 법

1. 민물고기를 손질하여 물을 붓고 푹 끓여서 체에 거른다.
2. 1에 고추장, 고춧가루를 풀고 끓이다가 불린 쌀, 다진 양파, 다진 마늘, 민물새우를 넣고 끓으면 국수를 넣어 다시 한번 끓인다.
3. 국수가 익으면 채 썬 깻잎, 다진 풋고추, 들깻가루, 참기름을 넣고 소금으로 간을 맞춘다.

참고사항

예산군에 예당저수지가 생겼을 때부터 어죽이 별미로 전해 내려왔는데, 약 30년 되었다.

출 처

충청남도 농업기술원, 충남 향토음식 맛 기행, 2005

정보제공자

정동예, 충청남도 예산군 대흥면 동서리

죽

인삼죽

재료

인삼(수삼) 1뿌리 • 쌀 80g(½컵) • 대추 10g(4개) • 말린 밤(황률) 5개 • 물 1.4L(7컵)

만드는 법

1. 쌀은 씻어서 30분쯤 물에 불렸다가 물기를 뺀다.
2. 수삼은 흙을 털어 낸 다음 깨끗이 씻어 물기를 닦고, 대추와 황률도 물에 깨끗이 씻어서 물기를 뺀다.
3. 밑이 두꺼운 냄비나 솥에 준비한 인삼, 대추, 황률을 넣고 물 7컵 정도를 부어 약한 불에서 한참 동안 끓인다.
4. 3의 물이 5컵 정도로 줄어들면 불려 놓았던 쌀을 넣고 나무주걱으로 고루 저은 후 약한 불에서 서서히 끓이는데, 끓는 도중 물이 넘치지 않도록 조심한다.
5. 충분히 끓여서 쌀알이 고루 퍼지면 담아 낸다.

참고사항

- 인삼닭죽도 인삼죽과 같은 방법으로 만든다. 단, 3의 과정에서 닭을 함께 넣고 끓인 다음 쌀을 넣기 전에 닭을 건져 살만 발라 쌀과 함께 넣고 죽을 쑨다.
- 인삼죽은 쌀을 갈지 않고 불려서 쑨 된 죽에 속하며 죽을 쑬 때는 금속 그릇은 피하고 곱돌솥, 오지솥 등을 이용하여 나무주걱으로 저으며 쑤어야 삭지 않는다.

죽

호박죽

재 료

늙은 호박 300g • 팥 50g(1/4컵) • 찹쌀가루 50g(1/2컵) • 설탕 4큰술 • 물 600mL(3컵) • 소금 약간

만드는 법

1. 늙은 호박은 씨를 긁어 내고 껍질을 벗겨 2cm 두께로 썬 다음 냄비에 넣고 물을 부어 호박 덩어리가 보이지 않을 때까지 무르게 푹 삶는다.
2. 팥은 소금을 약간 넣고 삶는다.
3. 찹쌀가루에 물을 약간 넣어 뭉쳐지면 1에 넣고 끓인 다음 소금으로 간을 한다.
4. 3에 미리 삶아 둔 팥을 넣고 잠시 더 끓인 후 설탕으로 맛을 낸다.

참고사항

호박죽은 부드러워서 소화 · 흡수가 잘 되며 위장기능이 약한 사람이나 노약자에게 좋은 영양식으로 호박 특유의 향긋한 냄새와 달콤한 맛이 있어 누구나 좋아하는 음식이다. 늙은 호박은 저장성이 좋기 때문에 겨우내 두고 먹었으며, 호박죽을 만들어 겨울철에 부족하기 쉬운 비타민 A를 보충해 왔다.

정보제공자

김기남, 충청남도 당진군 당진면 읍내리
김수옥, 충청남도 서천군 서천읍 군사리
이달순, 충청남도 보령시 남포면
장명식, 충청남도 홍성군 구항면
정영옥, 충청남도 논산시 부적면
조유순, 충청남도 서천군 종천면 화산리
최용수, 충청남도 예산군 신암면

미음 · 범벅 · 응이

호박범벅

재 료

늙은 호박 2kg($\frac{1}{2}$개) • 찹쌀가루 400g(4컵) • 팥 210g(1컵) • 차조가루 1컵 • 강낭콩 200g(1컵) • 밀가루 50g($\frac{1}{3}$컵) • 물 2L(10컵) • 소금 4작은술

만드는 법

1. 호박은 껍질을 벗기고 씨를 긁어 내어 적당한 크기로 썬다.
2. 강낭콩은 물에 불려 놓는다.
3. 팥은 깨끗이 씻어 삶는다.
4. 냄비에 호박을 넣고 물을 부어 끓인다.
5. 호박이 익으면 으깬 후 불린 강낭콩과 삶은 팥을 넣어 같이 끓인다.
6. 차조가루를 넣어 끓이고 소금을 약간 넣는다.
7. 찹쌀가루를 조금씩 넣어 가며 저어 주고 농도를 진하게 하려면 밀가루를 넣는다.

1

3

4

7

❖ 참고사항

- 늙은 호박을 삶아 강낭콩, 찹쌀가루를 넣어 끓여 되직하게 만든 것으로 맛도 좋고 소화도 잘 되는 영양식이다.
- 호박의 당분은 소화 · 흡수가 잘 되기 때문에 위장기능이 약한 사람에게 좋으며, 붓기를 빼주는 효과가 있어 임산부나 신장병, 당뇨병 환자에게 좋다.

조리시연자
김찬화, 대전광역시 서구 월평동

호박잎장국수제비

재 료

밀가루 300g(2¾컵) • 반죽물 140mL(⅔컵) • 호박잎 7장 • 애호박 150g(⅓개) • 대파 20g(½뿌리) • 쌀뜨물 1L(5컵) • 식용유 1작은술 • 소금 1작은술 • 된장 3큰술 • 국간장 3큰술 • 다진 마늘 1큰술

멸치장국국물 멸치 20g(10마리) • 물 1L(5컵)

만드는 법

1. 밀가루에 물, 소금, 식용유를 넣고 수제비 반죽을 해 놓는다.
2. 냄비에 물을 붓고 멸치를 넣고 끓여 장국국물을 만들어 놓는다.
3. 멸치장국국물에 쌀뜨물을 붓고 된장을 풀어 끓인다.
4. 3에 호박잎을 깨끗이 씻어 손으로 뜯어서 넣고, 애호박은 반달 모양(0.4~0.5cm)으로 썰어 넣는다.
5. 국물이 끓어오르면 수제비 반죽을 손으로 떼어 넣고, 국간장으로 간을 맞춘 후 어슷썬 파(0.3cm)와 다진 마늘을 넣는다.

❋ 참고사항

수제비는 예전 농가에서 여름철에 빼놓을 수 없는 주식이었다. 여름에 쌀과 보리가 떨어지면 질게 반죽한 밀가루나 메밀가루를 수저로 떠 넣어 익혀 먹었던 수제비는 넉넉한 집에서도 여름철 별미로 즐겨 먹었다.

정보제공자
안민희, 충청남도 홍성군 홍성읍 송월리

구기자칼국수

재 료

밀가루 220g(2컵) • 반죽물 100mL(½컵) • 구기자가루 20g • 멸치 20g(10마리) • 물 1.6L(8컵) • 대파 20g(½뿌리) • 다진 마늘 1작은술 • 소금 적량

만드는 법

1. 밀가루에 구기자가루를 넣어 체에 두 번 내려 물을 넣어 반죽한 다음 얇게 밀어서 길게 채 썬다.
2. 멸치는 다듬어 팬에 볶은 후 물을 붓고 끓여 국물을 우려 낸다.
3. 2에 칼국수를 넣고 끓인 후 어슷썬 파와 다진 마늘을 넣고 소금으로 간을 맞춘다.

참고사항

상에 낼 때 다진 청양고추나 삭힌 고추를 곁들인다.

출 처
청양군농업기술센터, 청양의 맛, 2000

밀국낙지칼국수

재 료

밀가루 400g(3⅔컵) • 반죽물 200mL(1컵) • 밀국낙지 16마리 • 박 150g • 물 2L(10컵) • 대파 35g(1뿌리) • 국간장 3큰술 • 다진 마늘 1큰술

만드는 법

1. 밀가루를 체에 내려 물을 넣어 반죽하여 얇게 민 다음 길게 채 썰어 칼국수를 만들어 놓는다.
2. 밀국낙지는 소금물에 씻어 두고, 박은 적당한 크기로 썬다.
3. 냄비에 물, 박, 국간장을 넣고 끓으면 칼국수를 넣어 다시 끓인다.
4. 3에 밀국낙지를 넣어 다시 끓으면 어슷썬 파와 다진 마늘을 넣는다.

참고사항

밀이 날 무렵인 초여름에 잡는 어린 낙지를 '밀국낙지'로 부르게 되었다고 전해지고 있다. 밀국낙지칼국수는 조선시대 낙향한 선비들이 즐겨 먹던 음식으로 예부터 지리적 여건에 의하여 조수간만의 차가 심한 인근 해안에서 썰물 시 갯벌이 많이 노출되어 어패류와 연체해산물인 낙지 등이 많이 생산되었다고 한다. 특히 5~7월 사이에 잡히는 낙지는 7~10cm의 크기로 육질이 연하고 맛이 좋아 통낙지를 국수와 함께 탕으로 조리하여 먹는 음식이 해안가를 중심으로 전해 내려오고 있다.

정보제공자
유희동, 충청남도 태안군 소원면 시목리

국수 · 수제비

바지락칼국수

재 료

밀가루 400g(3⅔컵) • 반죽물 200mL(1컵) • 바지락 400g(2컵) • 애호박 80g • 당근 20g • 소금 약간

양념장 간장 2큰술 • 고춧가루 ½작은술 • 다진 파 1작은술 • 다진 마늘 ½작은술 • 깨소금 ½작은술 • 참기름 1작은술

육수 북어 100g(⅔마리) • 다시마 10g • 양파 80g(½개) • 대파 20g(½뿌리) • 물 2L(10컵)

만드는 법

1. 바지락은 소금물에 담가 해감을 뺀 다음 깨끗이 씻어 둔다.
2. 밀가루에 물을 넣어 반죽하고 밀대로 밀어 가늘게 채 썰어 칼국수를 만들어 놓는다.
3. 애호박과 당근은 곱게 채 썬다(5×0.2×0.2cm).
4. 북어, 양파, 대파, 다시마에 물을 넣고 끓여 육수를 만든다.
5. 뜨거운 육수에 바지락, 호박, 당근을 넣고 끓인 후 칼국수를 넣고 끓여 소금으로 간을 한다.
6. 양념장을 만들어 곁들인다.

출 처
충청남도 농업기술원, 충남 향토음식 맛 기행, 2005

콩물칼국수

재 료

흰콩 200g(1¼컵) • 칼국수 250g • 오이 80g(½개) • 물 적량 • 참깨 2큰술 • 소금 약간

만드는 법

1. 흰콩은 하루 전날 깨끗이 씻어서 물에 담가 불린다.
2. 콩이 잠길 정도로 물을 넉넉히 부어 끓인다. 물이 끓기 시작하면 5분 정도 더 끓인다.
3. 삶은 콩은 큰 그릇에 담고 찬물을 부어 식힌 후에 손으로 문지르면서 껍질을 벗긴다.
4. 껍질 벗긴 콩과 참깨를 넣고 물을 조금 부은 후 맷돌이나 분쇄기에 곱게 갈아서 체에 밭쳐 주걱으로 꾹꾹 눌러가며 국물을 받는다.
5. 냄비에 물을 넉넉히 붓고 끓으면 칼국수를 넣고 엉기지 않도록 한다. 물이 끓어오르면 찬물 한 컵 정도 붓고 다시 한소끔 끓어오르면 불에서 내린다. 찬물에 여러 번 손으로 비벼 가며 헹군다.
6. 오이는 깨끗이 씻어 곱게 채 썬다(5×0.2×0.2).
7. 4의 콩국물에 국수를 담고 오이를 얹어 먹기 직전에 소금 간을 한다.

✻ 참고사항

콩국수는 콩 특유의 비린내 때문에 개인에 따라 비위에 맞지 않을 수 있으므로 먹기 전에 소금 간을 해서 약간 짭짤하게 먹는 것이 좋다.

국수 · 수제비

해물칼국수

재 료

칼국수 400g • 생합 100g(½컵) • 바지락 100g(½컵) • 새우살 50g(¼컵) • 애호박 80g(¼개) • 당근 20g • 대파 10g(¼뿌리) • 다진 마늘 2큰술 • 소금 약간

장국국물 멸치 20g(10마리) • 다시마 10g • 무 200g(¼개) • 양파 160g(1개) • 대파 10g(¼뿌리) • 물 2L (10컵)

만드는 법

1. 냄비에 물을 붓고 멸치, 다시마, 무, 양파, 대파를 넣어 3시간 정도 푹 끓여 장국국물을 만든다.
2. 호박, 당근은 깨끗이 씻어 가늘게 채 썰고(5×0.2×0.2cm), 대파는 어슷썬다.
3. 장국국물에 생합, 바지락, 새우살을 넣어 끓인다.
4. 3에 칼국수와 호박, 당근을 넣어 한소끔 끓인다.
5. 칼국수가 익어 투명해지면 소금으로 간을 맞춘 후 다진 마늘과 어슷썬 파를 넣는다.

출 처
충청남도 농업기술원, 충남 향토음식 맛 기행, 2005

호박국수

재 료

애호박 150g(⅓개) • 밀가루 300g(2¾컵) • 달걀 50g(1개) • 물 1L(5컵) • 들기름 2큰술

호박 양념 국간장 2큰술 • 다진 마늘 1큰술

소금물 물 100mL(½컵) • 소금 1작은술

만드는 법

1. 애호박을 채 썰어(5×0.2×0.2cm) 들기름에 볶다가 국간장, 다진 마늘을 넣고 다시 볶는다.
2. 밀가루는 소금물, 달걀, 들기름을 넣고 반죽을 하여 밀대로 얇게 밀어 길게 채 썬다.
3. 끓는 물에 칼국수를 넣고 삶아 차가운 물에 헹궈 건진다.
4. 3의 칼국수를 그릇에 담고 호박을 얹어 비벼 먹는다.

❈ 참고사항

국수는 평상시에는 점심 때에 많이 먹고, 식사보다는 잔치 때 손님 접대용으로 차린다. 메밀가루에 밀가루나 전분을 섞어 반죽하여 만든 냉면이나 칼국수 등이 있는데, 최근에는 일반 면에 부재료를 첨가한 쑥국수, 호박국수 등이 별미로 선보이고 있다.

정보제공자

정숙경, 충청남도 아산시 음봉면 소동리

고둥수제비(올갱이수제비)

재 료

고둥 삶은 물 1.6L(8컵) • 밀가루 220g(2컵) • 반죽물 150mL(3/4컵) • 아욱 100g • 애호박 150g(1/3개) • 대파 20g(1/2뿌리) • 다진 마늘 1작은술 • 된장 1큰술 • 국간장 1작은술 • 소금 약간

만드는 법

1. 아욱은 깨끗하게 주물러 씻어 풋내와 푸른 물을 제거한다.
2. 애호박은 깨끗하게 씻어 채 썬다(5×0.2×0.2cm).
3. 밀가루에 물과 소금을 약간 넣고 수제비 반죽을 만들어 놓는다.
4. 고둥 삶은 물에 아욱, 애호박, 된장을 넣고 끓으면 수제비 반죽을 먹기 좋은 크기로 떼어 넣는다.
5. 수제비가 익으면 어슷썬 파와 다진 마늘을 넣고 국간장과 소금으로 간을 한다.

참고사항

독특한 시원함으로 술 마신 뒤의 속풀이에 아주 좋다는 올갱이는 민물고둥의 충청도 사투리다. 지역에 따라 다슬기, 올갱이, 고동, 고디, 베틀올갱이, 올뱅이, 꼴부리, 대사리 등 각기 다른 재미있는 이름으로 불린다. 보통 계곡의 바위 틈이나 물살이 세고 수심이 깊은 강에서 많이 잡히는데, 서식환경에 따라 길쭉한 것, 둥근 것, 표면이 까칠까칠한 것, 매끄러운 것 등 형태가 각각 다르고 맛도 다르다.

정보제공자
황창순, 충청남도 보령시 웅천읍 두룡2리

버섯수제비

재 료

석이버섯 10g(10개) • 송이버섯 50g • 밀가루 200g(2컵) • 반죽물 100mL($\frac{1}{2}$컵) • 애호박 100g($\frac{1}{4}$개) • 감자 150g(1개) • 식용유 $\frac{1}{3}$작은술 • 소금 약간

장국국물 멸치 20g(10마리) • 물 1.6L(8컵)

만드는 법

1. 석이버섯은 물에 불려서 돌을 떼어 낸 다음 손바닥으로 비벼 씻는다.
2. 손질한 석이버섯은 곱게 채를 썰어 달군 팬에 기름 없이 볶은 다음 분쇄기에 살짝 간다.
3. 밀가루에 석이버섯가루를 섞어 소금과 식용유, 물을 넣고 수제비 반죽을 한 후 젖은 면포를 덮어 15분 정도 숙성시킨다.
4. 애호박은 반달 모양(0.4~0.5cm)으로 썬다.
5. 감자도 반달 모양으로 썰어 냉수에 헹군다.
6. 송이버섯은 손으로 길게 찢는다.
7. 장국국물을 끓인 다음 감자를 먼저 넣고 끓으면 애호박과 송이버섯을 넣는다.
8. 국물이 끓어오르면 수제비를 먹기 좋은 크기로 떼어 넣고 끓인 다음 소금으로 간을 한다.

삭수제비

재 료

메밀 300g • 반죽물 150mL(3/4컵) • 물 1.2L(6컵) • 대파 20g(1/2뿌리) • 다진 마늘 1큰술 • 소금 약간

만드는 법

1. 메밀은 맷돌이나 분쇄기에 갈아서 메밀가루를 만든다.
2. 메밀가루에 물을 넣고 반죽을 하여 가래떡처럼 길게 늘여 어슷썬다.
3. 끓는 물에 2를 넣고 소금으로 간을 한 후 어슷썬 파와 다진 마늘을 넣어 끓인다.

정보제공자
이상기, 충청남도 홍성군 구항면 남산리

구기자떡국

재료

쌀 8kg • 구기자 200g • 구기자잎(순) 200g • 물 적량 • 소금 약간 • 멸치장국국물(멸치 · 다시마 · 물) 1.6L(8컵)

만드는 법

1. 쌀은 깨끗이 씻어 2~3시간 불린 뒤 물기를 뺀다.
2. 구기자는 바싹 말려 분쇄기에 갈고, 구기자잎은 끓는 물에 데친다.
3. 불린 쌀을 3등분해 한쪽에는 구기자잎을 넣어 푸른색의 쌀가루를 만들고, 한쪽은 구기자가루를 섞어 붉은색의 쌀가루를, 나머지는 아무 것도 넣지 않은 흰색 쌀가루를 만든다.
4. 찜통에 각각의 쌀가루를 쪄 낸 후 가래떡을 뽑아 식힌다.
5. 냄비에 세 가지 색의 가래떡을 어슷썰어 넣고 멸치장국국물을 부어 끓이다가 소금으로 간을 한다.

정보제공자
황영숙, 충청남도 청양군 장평면 화산리

닭생떡국

재료

닭 1kg(1마리) • 쌀가루 400g($2\frac{2}{3}$컵) • 물 적량 • 대파 20g($\frac{1}{2}$뿌리) • 국간장 4큰술 • 다진 마늘 1큰술

만드는 법

1. 닭은 푹 삶아서 살은 찢어 놓고, 닭육수는 기름을 걷어 낸다.
2. 쌀가루를 끓는 물로 반죽하여 가래떡 모양으로 길게 늘여 만들어 놓는다.
3. 생떡을 어슷썰어 1의 닭육수에 넣고 끓인다.
4. 한소끔 끓으면 국간장으로 간을 한 후 어슷썬 파(0.3cm)와 다진 마늘을 넣는다.
5. 그릇에 담고 고명으로 찢어 놓은 닭고기를 얹어서 낸다.

정보제공자
박금화, 충청남도 서산시 부석면 마룡리

떡국

생떡국

재료

쌀가루 600g(4컵) • 굴 100g(½컵) • 반죽물 150mL(¾컵) • 물(또는 육수) 1.6L(8컵) • 소금 2큰술 • 대파 20g(½뿌리) • 다진 마늘 1큰술

만드는 법

1. 굴은 소금물에 깨끗이 씻어 놓는다.
2. 쌀가루에 물과 소금을 넣고 되직하게 반죽한 다음 길쭉하게 가래떡 모양으로 만들어 어슷썰어 놓는다.
3. 끓는 물(또는 육수)에 생떡을 넣고 한 번 끓인다.
4. 끓는 떡국에 굴과 어슷썬 파(0.3cm), 다진 마늘을 넣고 한소끔 더 끓인 다음 소금으로 간을 한다.

출 처

문화공보부 문화재관리국, 한국민속종합조사보고서(향토음식 편), 1984

정보제공자

박명옥, 충청남도 서산시 성연면 명천2리
서순옥, 충청남도 홍성군 광천읍 상정리

고문헌

조선요리제법(생떡국), 조선무쌍신식요리제법(생병탕 : 生餠湯)

떡국

쑥장국(쑥생떡국)

재 료

쑥 100g • 쌀가루 100g($\frac{2}{3}$컵) • 메밀가루 100g • 반죽물 80mL($\frac{1}{3}$컵) • 굴 200g(1컵) • 물 1L(5컵) • 대파 20g($\frac{1}{2}$뿌리) • 다진 마늘 1큰술 • 국간장 3큰술 • 소금 약간

만드는 법

1. 굴은 소금물에 깨끗이 씻어 놓는다.
2. 연한 쑥을 푹 삶아 소금을 넣고 절구에 찧는다.
3. 2에 쌀가루와 메밀가루를 섞어 넣고 찧은 다음 물과 소금을 넣어 반죽하여 가늘게 늘여 직사각형으로 썬다.
4. 냄비에 물을 넣고 끓으면 썰어 놓은 생떡과 다진 마늘을 넣고 국간장으로 간을 맞춘 다음 손질한 굴과 어슷썬 파(0.3cm)를 넣는다.

정보제공자
한종수, 충청남도 홍성군 결성면 무랑리

국

굴냉국

재 료

굴 100g(½컵) • 동치미국물 600mL(3컵)

양념 대파 20g(½뿌리) • 마늘 10g(2쪽) • 생강 5g(1쪽) • 고춧가루 ½큰술 • 깨소금 1큰술 • 식초 1큰술 • 간장 1큰술 • 실고추 약간

만드는 법

1. 굴은 소금물에 살살 씻어서 건져 물기를 빼 놓는다.
2. 대파, 마늘, 생강은 가늘게 채 썰어(3×0.2×0.2cm) 고춧가루, 깨소금, 식초, 간장, 실고추를 넣고 섞어 양념을 만든다.
3. 손질한 굴에 양념을 넣어 무친다.
4. 차가운 동치미국물에 양념한 굴을 넣어 냉국을 만든다.

1

2

3

4

출 처
강인희, 한국의 맛, 대한교과서주식회사, 1993

조리시연자
김찬화, 대전광역시 서구 월평동

넙치아욱국

재 료

넙치 1kg(1마리) • 미나리 100g • 쇠고기 50g • 아욱 200g • 대파 35g(1뿌리) • 물 1.6L(8컵) • 고추장 3큰술 • 다진 마늘 1작은술 • 다진 생강 1작은술 • 국간장 적량

쇠고기 양념 간장 1작은술 • 다진 마늘 ½작은술 • 다진 생강 ½작은술 • 참기름 ½작은술

만드는 법

1. 아욱은 껍질을 벗겨 손으로 비비면서 짓이겨 씻어 푸른 물과 풋내를 제거한 다음 물에 헹궈 체에 밭쳐 물기를 빼고 적당한 크기로 썬다.
2. 미나리는 줄기를 다듬고 끓는 물에 소금을 넣어 살짝 데친 후 3cm 길이로 썬다.
3. 넙치는 비늘을 벗기고 머리와 내장을 제거한 다음 깨끗이 씻어 지느러미를 자르고 적당한 크기로 토막 낸다.
4. 쇠고기는 결 반대로 얇게 저며 양념한다.
5. 물이 펄펄 끓으면 고추장을 풀고 양념한 고기, 넙치를 넣고 끓이면서 거품을 걷어 낸다.
6. 아욱, 미나리, 어슷썬 대파를 넣고 끓이다가 다진 생강, 다진 마늘을 넣고 국간장으로 간을 맞춘다.

1

3

5

5

조리시연자
김찬화, 대전광역시 서구 월평동

국

밀국낙지탕

재료

어린 낙지 10마리 • 칼국수 200g • 무 200g($\frac{1}{4}$컵) • 풋고추 30g(2개) • 붉은 고추 30g(2개) • 물 1.6(8컵) • 대파 20g($\frac{1}{2}$뿌리) • 마늘 10g(2쪽) • 소금 약간

만드는 법

1. 낙지는 먹물을 빼고 깨끗이 씻는다.
2. 무는 나박썰고(2.5×2.5×0.3cm), 풋고추와 붉은 고추는 어슷썬다(0.3cm).
3. 대파의 일부는 어슷썰고 일부는 다진다.
4. 냄비에 물을 붓고 무를 넣어 끓으면 풋고추, 붉은 고추, 어슷썬 파, 다진 마늘, 다진 파를 넣고 소금 간을 한다.
5. 한소끔 끓으면 낙지를 넣어 살짝 익힌 다음 칼국수를 넣고 끓인다.

✻ 참고사항

낙지는 서해안에서 많이 잡히는 어종으로 어육이 연하고 맛이 담백한 것이 특징이며, 어촌에서 조리하여 먹던 것을 1970년경부터 술안주 및 숙취해소용 탕류로 개발하여 보급하기 시작하였다.

출 처
농촌진흥청, 향토음식, www2.rda.go.kr/food, 2006

조리시연자
김찬화, 대전광역시 서구 월평동

국

박속낙지탕

재 료

세발낙지 10마리(또는 낙지 3마리) • 박 300g • 칼국수 200g • 바지락 400g • 미나리 200g • 쑥갓 20g • 무 100g • 양파 70g(½개) • 물 1.6L(8컵) • 대파 20g(½뿌리) • 마늘 10g(2쪽) • 생강 5g(1쪽) • 소금 약간

만드는 법

1. 바지락을 연한 소금물에 넣어 해감을 뺀다.
2. 박은 껍질을 벗겨 내고, 씨를 긁어 낸 다음 나박썰기 한다(2.5×2.5×0.3cm).
3. 무는 나박썰고, 양파는 굵게 채 썬다(5×0.3×0.3cm). 대파는 어슷썰고(0.3cm), 쑥갓은 속대만 준비하여 미나리와 함께 5cm 길이로 썬다.
4. 끓는 물에 무와 박을 넣어 끓인다.
5. 국물이 끓으면 소금으로 간을 맞추고 바지락, 다진 마늘, 다진 생강을 넣어 끓이다가 양파를 넣어 더 끓인다.
6. 5에 미나리, 쑥갓, 어슷썬 대파, 낙지를 넣어 끓인다.
7. 낙지와 박을 건져 먹은 다음 칼국수를 넣어 끓여 먹는다.

2

2

4

6

❋ 참고사항

속을 긁어 낸 박속, 다양한 채소와 바지락을 넣고 한소끔 끓인 다음 소금과 국간장으로 간을 하고 서해안 갯벌에서 잡은 산낙지를 넣어 끓여 먹는 박속낙지탕의 특징은 시원한 맛을 내는 박속에 있다. 최근에는 가을철 박을 수확하여 급속 냉동시켜 사계절 내내 개운하고 시원한 박속낙지탕을 맛볼 수 있다.

출 처

태안군농업기술센터, 전통음식의 맛 · 멋, 1997
충청남도 농업기술원, 충남 향토음식 맛 기행, 2005

정보제공자

김애자, 충청남도 서산시 부석면 가사리
이경순, 충청남도 당진군 석문면 교호2리

조리시연자

김찬화, 대전광역시 서구 월평동

국

뱅어국(실치시금치국)

재 료

뱅어(실치) 300g • 시금치 500g • 물 1.6L(8컵) • 다진 마늘 1큰술 • 국간장 4큰술 • 소금 약간

만드는 법

1. 시금치를 다듬어 소금물에 데쳐 찬물에 헹군 다음 물기를 꼭 짜서 3cm 길이로 썬다.
2. 뱅어는 소금물에 넣고 숟가락으로 휘저으면서 2번 정도 씻는다.
3. 냄비에 물을 붓고 끓으면 국간장과 소금을 넣어 간을 맞추고 준비해 놓은 뱅어를 넣는다.
4. 3에 시금치를 넣고 한소끔 끓으면 다진 마늘을 넣고 끓인다. 끓이는 도중에 거품을 걷어 낸다.

1

2

3

4

참고사항

- 죽었을 때 몸 색깔이 하얓게 변한다 하여 한자어로 백어(白魚)라고 하고, 또 실처럼 생겨서 어린 뱅어를 실치라고 부르기도 한다.
- 뱅어는 몸길이 10cm 정도의 아주 가는 생선으로 2~4월에 산란을 위하여 내만에서 하천 호수로 올라간다. 날것은 제철에 아주 잠깐 나기 때문에 아주 귀하고 보통 말린 상태의 뱅어포로 이용된다. 맛이 담백하고 생김새가 수려하여 아주 귀하게 여긴다. 『규합총서』에서는 '이 생선은 왕기(王氣)가 있는 데 많으며, 얼음이 언 후에 살이 쪄서 다른 고기와는 달리 맛이 아주 좋다.'고 하였다.
- 시금치가 변색되지 않기 위해 냄비 뚜껑은 닫지 않고 끓인다.
- 뱅어국은 뱅어(실치)가 많이 나는 갯마을에서 봄철에 주로 즐겨 먹던 음식이다.

출 처
네이버사전(두산백과), 100.naver.com/, 2006

정보제공자
김순복, 충청남도 태안군 원북면 산두2리
손영숙, 충청남도 당진군 당진읍 행정리
신명자, 충청남도 당진군 당진읍 읍내리

조리시연자
김찬화, 대전광역시 서구 월평동

국

세모국

방법 1

재료

말린 세모 50g • 굴 50g(¼컵) • 물 1.2L(6컵) • 다진 마늘 1작은술 • 다진 파 1작은술 • 국간장 1큰술 • 소금 약간

만드는 법

1. 작은 굴을 준비하여 소금물에 씻어 놓는다.
2. 물이 끓으면 굴을 넣고 끓이다가 국간장, 다진 마늘, 다진 파를 넣고 끓인다.
3. 2의 국물이 끓어오르면 세모를 넣고 한소끔 끓여 소금으로 간을 맞춘다.

1

조리시연자
김찬화, 대전광역시 서구 월평동

2

방법 2

재료

말린 세모 50g • 감자 150g(1개) • 쌀뜨물 1.2L(6컵) • 참기름 ½작은술 • 다진 마늘 1작은술 • 국간장 3큰술

2

만드는 법

1. 감자는 껍질을 벗겨 도톰하게 반달썰기 한다(0.5cm).
2. 냄비에 참기름을 두르고 감자를 넣어 볶은 다음 쌀뜨물을 붓고 끓인다.
3. 국간장으로 간을 하고 다진 마늘을 넣는다.
4. 세모를 물에 재빨리 흔들어 씻어 건진 후 끓는 국물에 넣고 한소끔 끓인다.

3

참고사항

세모는 청정바다의 바위에 붙어서 자라는 아주 조그만 풀을 따다가 곱게 말려서 먹는 음식으로 여름철에는 찬 국으로 겨울철에는 따뜻한 국으로 만들어 먹은 음식이다.

정보제공자
최영지, 충청남도 시신시 부식면 지산2리

국

오골계탕

재료

오골계 1마리 • 엄나무 · 천궁 · 당귀 · 황기 · 녹각 · 구기자 · 창출 · 감초 · 대추 · 밤 적량 • 물 3L(15컵) • 굵은 소금 2큰술

만드는 법

1. 오골계는 내장을 꺼내어 손질하여 핏물을 제거하고 굵은 소금으로 문질러 씻는다.
2. 손질한 오골계를 끓는 물에 넣어 살짝 데친다.
3. 밤은 겉껍질과 속껍질을 벗기고, 엄나무, 천궁, 당귀, 황기, 녹각, 구기가, 창출, 감초, 대추는 깨끗이 씻어 둔다.
4. 엄나무, 천궁, 당귀, 황기, 녹각, 구기자, 창출, 감초를 물에 넣고 향이 우러나도록 끓인다.
5. 4의 끓는 국물에 대추, 밤, 닭을 넣고 푹 끓인다.

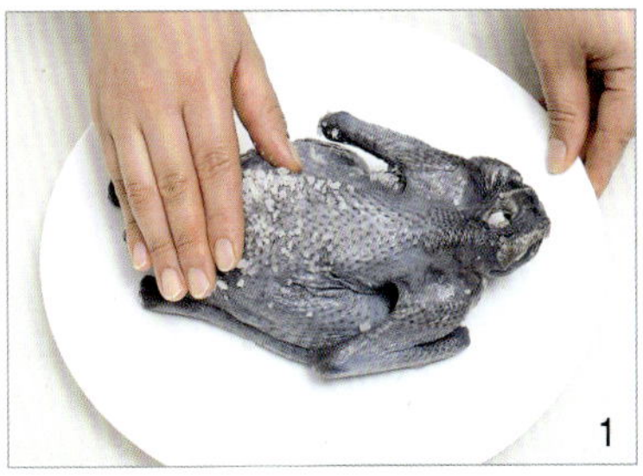

1

2

4

5

조리시연자
김찬화, 대전광역시 서구 월평동

국

청포묵국

재 료

청포묵 300g(1모) • 멸치 20g(10마리) • 쪽파 5뿌리 • 달걀 50g(1개) • 붉은 고추 15g(1개) • 양파 40g(¼개) • 물 1.6L(8컵) • 다진 마늘 1큰술 • 소금 약간 • 국간장 1큰술

만드는 법

1. 청포묵은 굵게 채 썰어(5×0.5×0.5cm) 끓는 물에 투명하게 데쳐 찬물에 헹궈 놓는다.
2. 멸치는 손질하여 달군 냄비에서 살짝 볶다가 물을 부어 끓인 다음 면포에 걸러 멸치장국국물을 준비해 둔다.
3. 붉은 고추는 반으로 잘라 씨를 제거하고 가늘게 채 썬다(4×0.2×0.2cm).
4. 양파는 0.2cm 너비로 가늘게 채 썰고, 쪽파는 4cm 정도 길이로 썬다.
5. 달걀은 풀어 놓는다.
6. 멸치장국국물에 국간장을 넣어 색을 내고 양파, 쪽파, 붉은 고추, 청포묵, 다진 마늘을 넣고 약한 불로 끓인다.
7. 6에 달걀 푼 것을 넣고 바로 젓지 말고 끓이다가 저어 준 후 소금으로 간을 한다.

1

2

6

7

조리시연자
김찬화, 대전광역시 서구 월평동

국

굴국

재료

굴 400g(2컵) • 무 300g(1/3개) • 물 1.6L(8컵) • 대파 20g(1/2뿌리) • 마른 고추 2개 • 국간장 1큰술 • 생강즙 1작은술 • 소금 1큰술

만드는 법

1. 무는 깨끗이 씻어 굵게 채 썰고(4×0.2×0.2cm), 대파는 어슷썬다(0.3cm).
2. 굴은 소금물에서 2번 정도 깨끗이 씻어 물기를 빼 놓는다.
3. 냄비에 물을 붓고 채 썬 무, 마른 고추, 국간장을 넣고 무가 말갛게 익도록 끓인다.
4. 무가 익으면 마른 고추를 건져 내어 굴을 넣고 한소끔 끓인 후 대파와 생강즙을 넣고 소금으로 간을 맞춘다.

국

꽃게알된장국

재료

말린 꽃게알 20g • 아욱 300g • 된장 1큰술 • 쌀뜨물 800mL(4컵) • 대파 20g(1/2뿌리) • 다진 마늘 1큰술 • 소금 적량

만드는 법

1. 아욱은 껍질을 벗기고 주물러 씻어 푸른 물과 풋내를 빼 놓는다.
2. 쌀뜨물에 된장을 풀고 말린 꽃게알을 넣어 끓인다.
3. 된장국이 끓으면 아욱과 다진 마늘, 어슷썬 대파를 넣고 한소끔 끓인 다음 소금으로 간을 맞춘다.

참고사항

꽃게나 기타 잡게의 산란 시기인 5월에 잡혀 온 게에 붙어 있는 알은 특별한 맛을 더해 주지 않지만 건조시킨 꽃게알을 음식에 넣으면 감칠맛을 내므로 각종 국, 특히 된장국에 넣어서 국물용 멸치나 새우, 조갯살처럼 사용하여 먹었다.

정보제공자
문광숙, 충청남도 서산시 부석면 마룡리

국

꽃게탕(꽃게매운탕)

재 료

꽃게 500g(2마리) • 애호박 150g(½개) • 양파 80g(½개) • 무 40g • 쑥갓 20g • 붉은 고추 15g(1개) • 풋고추 15g(1개) • 대파 20g(½뿌리) • 물 1.6L(8컵)

양념 된장 1큰술 • 고춧가루 2큰술 • 다진 마늘 · 소금 적량

만드는 법

1. 꽃게의 등딱지를 떼고 발끝을 잘라 낸 후 깨끗하게 씻어 4등분한다.
2. 무는 나박썰고(2.5×2.5×0.2cm), 애호박은 0.5cm 두께의 반달 모양으로 썬다. 양파는 너비 0.3cm 간격으로 채 썰고, 붉은 고추와 풋고추는 어슷썬다(0.3cm).
3. 냄비에 물과 무를 넣고 된장, 고춧가루를 풀어 넣고 한소끔 끓인 후 꽃게, 애호박, 양파를 넣는다.
4. 3에 붉은 고추와 풋고추를 넣고 소금 간을 한 후 마지막으로 쑥갓을 넣어 한소끔 끓여 낸다.

참고사항

꽃게는 태안의 특산물로 예부터 게장을 담가 감칠맛을 즐겼으며, 특히 매운탕을 끓여 먹으면 얼큰하고 시원한 맛을 느낄 수 있다.

출 처

태안군농업기술센터, 전통음식의 맛 · 멋, 1997

농촌진흥청, 향토음식, www2.rda.go.kr/food, 2006

국

낙지국

재료

낙지 300g(대 1마리) • 무 200g(¼개) • 쌀뜨물 1L(5컵) • 대파 20g(½뿌리) • 다진 마늘 1큰술 • 들기름 1큰술 • 국간장 적량

만드는 법

1. 무는 깨끗이 씻어 굵게 채 썬다(5×0.3×0.3cm).
2. 낙지는 먹물을 빼고 깨끗이 씻어 4cm 길이로 썰어 놓는다.
3. 냄비에 들기름을 두르고 무를 볶다가 쌀뜨물을 붓고 낙지를 넣어 끓인다.
4. 국물이 끓어오르면 어슷썬 대파, 다진 마늘을 넣고 국간장으로 간을 한 후 한소끔 더 끓인다.

❋ 참고사항

예부터 서해안 갯벌에서는 맛 좋은 낙지가 많이 잡혀 여러 가지 음식을 만들었다. 그 중 가장 쉽게 해 먹을 수 있는 것이 국이다. 낙지는 단백질이 풍부하여 파, 마늘 등의 채소와 어우러지면 영양이 풍부해져 이 지역에서 많이 해먹는 별미이다.

정보제공자
김기숙, 충청남도 서산시 수석동

국

대하탕

재 료

대하 500g(5마리) • 콩나물 50g • 양파 50g(1/3개) • 무 50g • 쑥갓 20g • 대파 20g(1/2뿌리) • 물 1.6L(8컵)

양념 된장 · 고추장 · 고춧가루 · 다진 마늘 적량

만드는 법

1. 콩나물은 머리와 뿌리를 다듬어 깨끗이 씻어 놓는다.
2. 무는 나박썰고(2.5×2.5×0.3cm), 양파는 0.3cm 너비로 채 썬다.
3. 냄비에 물을 붓고 콩나물, 무, 양파를 넣고 끓이다가 대하를 넣는다.
4. 3의 국물이 끓으면 된장과 고추장을 풀어 넣고, 다진 마늘과 고춧가루로 양념한다.
5. 한소끔 끓어오르면 어슷썬 대파와 쑥갓을 얹는다.

출 처

충청남도 농업기술원, 충남 향토음식 맛 기행, 2005

국

머위들깨탕

재 료

머윗대 200g • 바지락살 200g(1컵) • 들깨 5큰술 • 전분 1큰술 • 대파 35g(1뿌리) • 물 1L(5컵) • 다진 마늘 1큰술 • 소금 2큰술

만드는 법

1. 머윗대는 데쳐 껍질을 벗겨 길게 2~4등분으로 찢는다.
2. 데쳐서 손질한 머윗대는 5cm 길이로 썰어 식용유를 넣고 볶는다.
3. 들깨는 분량의 물을 부어 가며 맷돌 또는 분쇄기에 갈아 들깨즙을 만들고, 전분은 동량의 물을 섞어 전분액을 만든다.
4. 볶은 머윗대에 전분액과 들깨즙을 넣고 한소끔 끓인 다음 바지락살을 넣고 소금으로 간을 한다.
5. 국물이 끓어오르면 다진 마늘과 어슷썬 대파를 넣어 다시 한번 끓인다.

참고사항

머위는 예부터 기침을 멎게 하고 가래를 없애는 것으로 알려져 왔다. 그래서 머위 달인 물은 천식을 치료하는 데 이용한다. 머위를 쌈, 장아찌로 이용하기도 하며, 특히 국이나 나물을 무칠 때에는 들기름이나 들깨 간 것을 넣어 조리하였다.

정보제공자
윤길숙, 충청남도 서천군 기산면 두북리

국

버섯탕

재 료

느타리버섯 300g(15개) • 두부 200g(⅓모) • 돼지고기 200g • 삶은 시래기 200g • 물 1.6L(8컵) • 국간장 3큰술 • 깨소금 1큰술 • 참기름 약간

만드는 법

1. 느타리버섯은 살짝 데쳐서 물기를 짠 후 잘게 찢어 깨소금과 참기름으로 무친다.
2. 삶은 시래기는 5cm 길이로 썰고, 돼지고기는 적당한 크기로 썰고, 두부는 납작하게 썬다(3×4×0.5cm).
3. 냄비에 물을 붓고 시래기, 돼지고기, 두부를 넣어 끓인 다음 무쳐 놓은 느타리버섯을 넣고 국간장으로 간을 맞춘다.

출 처
농촌진흥청 농촌영양개선연수원(현 농촌자원개발연구소), 한국의 향토 음식, 1994

국

비지국

재 료

비지 300g • 조갯살 200g(1컵) • 김장김치 50g • 두부 100g • 물 800mL(4컵) • 대파 35g(1뿌리) • 다진 마늘 1큰술 • 고춧가루 1큰술 • 국간장 적량

만드는 법

1. 김장김치는 양념을 털어 내어 송송 썰고(1cm), 두부는 굵게 채 썬다(3×0.7×0.7cm)
2. 조갯살은 소금물에 씻어서 물기를 빼 놓는다.
3. 냄비에 물을 붓고 비지를 푼 다음 김치를 넣고 끓인 후 조갯살, 두부, 어슷썬 대파, 다진 마늘, 고춧가루를 넣고 한소끔 끓여 국간장으로 간을 맞춘다.

참고사항
비지는 면포를 깐 바구니에 담아 따뜻한 곳에서 2일 정도 띄운 것을 사용한다.

출 처
충청남도 농업기술원, 충남 향토음식 맛 기행, 2005

국

사슴곰탕

재 료

사슴뼈 400g • 사슴사태 200g • 인삼 1뿌리 • 천궁 10g • 황기 10g • 은행 10g(5개) • 밤(깐 것) 10g(1개) • 대추 4g(2개) • 녹용(하대) 2쪽 • 삶은 국수 60g • 물 적량 • 다진 파 1큰술 • 다진 마늘 1큰술 • 소금 약간

만드는 법

1. 사슴뼈와 사태에 인삼, 천궁, 황기, 녹용 등 한약재를 넣어 물을 붓고 8시간 이상 푹 끓인다.
2. 충분히 끓인 국물에 은행, 대추, 밤을 넣고 다시 한번 끓인다.
3. 2에 삶아 놓은 국수를 넣고 소금으로 간을 맞춘 다음 다진 파, 다진 마늘을 넣고 한소끔 끓인다.

출 처
충청남도 농업기술원, 충남 향토음식 맛 기행, 2005

고문헌
산림경제(사슴고기국)

국

선지국

재 료

선지 400g • 삶은 시래기 100g • 배추김치 100g • 물 1.2L(6컵) • 소금 약간

양념 된장 2큰술 • 고추장 1큰술 • 고춧가루 1큰술 • 다진 마늘 1큰술 • 다진 파 1큰술 • 깨소금 · 참기름 · 소금 약간

만드는 법

1. 선지를 찬물에 담가 핏물을 뺀 후 소금을 넣은 끓는 물에 덩어리째 넣고 살짝 데쳐 숟가락으로 뚝뚝 떼 놓는다.
2. 된장과 고추장을 풀어서 한소끔 끓인 국물에 1의 선지를 넣고 적당히 썬 시래기와 배추김치, 양념을 넣어서 다시 한소끔 끓인 다음 소금으로 간을 맞춘다.

정보제공자
이완녀, 충청남도 논산시 지산3동

고문헌
조선무쌍신식요리제법(우혈탕 : 牛血湯)

국

싱어아욱국(세화아욱국)

재 료

싱어(세화) 1마리 • 아욱 200g • 대파 35g(1뿌리) • 물 1.2L(6컵) • 된장 1큰술 • 고추장 2큰술 • 다진 마늘 1큰술

완자 양념 밀가루 1작은술 • 다진 파 1큰술 • 다진 마늘 1작은술 • 소금 · 후춧가루 약간 • 참기름 1작은술

만드는 법

1. 싱어는 배를 갈라 내장을 꺼내고, 머리는 썰어 두고, 몸통은 적당한 크기로 토막 낸다.
2. 싱어의 내장과 머리는 곱게 다져 완자 양념을 넣고 동그랗게 완자를 빚는다.
3. 아욱은 겉껍질을 벗겨 내고 손으로 주물러 씻어 푸른 물과 풋내가 빠지게 한다.
4. 냄비에 물을 붓고 된장과 고추장을 풀어 팔팔 끓으면 완자, 아욱, 싱어 토막을 넣고 한소끔 끓인 후 어슷썬 대파, 다진 마늘을 넣는다.

참고사항

세화는 '싱어(coilia mystus)' 의 방언으로 강다리, 까나리 등으로도 불린다. 예부터 계절이 바뀌거나 기력이 떨어질 때 기운을 되찾게 해주는 음식으로서 구수한 아욱국이 많이 이용되었다.

정보제공자
이춘선, 충청남도 부여군 세도면 간대리

쏙국(설게국)

재 료

쏙(설게) 100g • 시금치 200g • 물 1.2L(6컵) • 대파 20g(½뿌리) • 다진 마늘 1큰술 • 국간장 3큰술

만드는 법

1. 시금치는 다듬어 끓는 물에 데쳐 물기를 꼭 짠 다음 4cm 길이로 썬다.
2. 끓는 물에 시금치, 쏙을 넣고 끓인다.
3. 2의 국물이 끓으면 어슷썬 대파, 다진 마늘을 넣고 한소끔 끓으면 국간장으로 간을 한다.

참고사항

쏙(설게)은 바다 갯벌에서 잡히는 것으로 튀김으로 먹기도 하고 쪄서 먹거나 국으로도 먹는 태안의 향토음식이다. 서민들이 주로 해먹으며, 생김새는 바닷가재와 비슷하다.

정보제공자
엄주희, 충청남도 태안군 이원면 포지리

국

열무쇠고기국

재 료

쇠고기 300g • 열무 300g • 물 1.6L(8컵) • 국간장 5큰술 • 다진 마늘 2큰술 • 고춧가루 3큰술 • 소금 약간

만드는 법

1. 쇠고기를 푹 삶아 먹기 좋게 찢어 놓고, 열무는 끓는 물에 데쳐 적당한 크기로 썰어 놓는다.
2. 1의 고기 삶은 물에 국간장과 소금으로 간을 한 다음 끓어오르면 데친 열무와 다진 마늘, 고춧가루를 넣고 한 번 더 끓인다.

참고사항

- 쇠고기국에는 대부분 무를 넣어 끓이는데, 예산에서는 무 대신 열무를 넣고 끓여 그 맛이 시원하고 깔끔하다.
- 취향에 따라 고춧가루를 넣지 않고 맑은국을 끓이기도 한다.

정보제공자
신현진, 충청남도 예산군 대흥면 금곡리

국

옻닭

재 료

닭 1kg(1마리) • 옻나무 껍질 100g • 마늘 60g(2통) • 대추 70g(1컵) • 물 3L(15컵) • 소금 적량

만드는 법

1. 솥에 옻나무 껍질을 넣고 물을 부어 5~6시간 푹 끓인다.
2. 1의 물에 손질한 닭, 마늘, 대추를 넣고 1시간가량 푹 익힌 다음 소금을 곁들인다.

참고사항

- 보신음식의 대표격인 닭에 성질이 따뜻하고 어혈을 풀어 주는 옻을 넣어 약용으로 먹었다.
- 불린 찹쌀을 삼베주머니에 넣어 닭과 함께 끓여 죽으로 먹기도 한다.

정보제공자
김점순, 충청남도 천안시 광덕면 광덕리

국

우럭백숙

재 료

우럭 1kg(2마리) • 마늘 60g(2통) • 양파 300g(2개) • 다진 파 5큰술 • 물 3L(15컵) • 소금 약간

만드는 법

1. 우럭은 비늘을 긁어 내고 손질하여 깨끗이 씻어 놓는다.
2. 솥에 우럭, 마늘과 양파를 넣고 분량의 물을 부어 푹 끓인 다음 대접에 담아 소금과 다진 파를 곁들인다.

참고사항

우럭은 매운탕으로 많이 끓여 먹으나, 충남 지역에서는 백숙으로 끓여 담백하게도 먹는다.

정보제공자
하영숙, 충청남도 태안군 안면읍 창기리

국

우렁이국

재 료

우렁이살 200g • 무 300g(⅓개) • 물 1.6L(8컵) • 들기름 1큰술 • 다진 파 2큰술 • 다진 마늘 1큰술 • 국간장 2큰술

만드는 법

1. 우렁이살은 들기름, 다진 파, 다진 마늘을 넣고 살짝 볶다가 물 1컵을 부어 끓인다.
2. 무는 나박썬다(2.5×2.5×0.3cm).
3. 냄비에 들기름을 두르고 무를 볶다가 볶은 우렁이살을 넣고 나머지 물을 부어 끓여 국간장으로 간을 맞춘다.

참고사항

우렁이는 성질이 차갑고 맛이 달며 독이 없고 열독을 풀고 목마른 증세를 멈추며 간열과 목적종통을 다스리고 변을 잘 통하게 하며 뱃속의 열결(熱結)을 제한다. 그리고 그 껍질은 반위(反胃)와 위냉(胃冷)을 고치고 담음심, 복통을 치료한다고 『동의보감』에 기록되어 있다.

정보제공자
이명숙, 충청남도 태안군 소원면 소근리

국

인삼추어탕

재 료

미꾸라지 600g • 인삼 1뿌리 • 풋배추 400g • 고사리 200g(1컵) • 토란대 150g • 풋고추 30g(2개) • 붉은 고추 15g(1개) • 대파 35g(1뿌리) • 물 3L(15컵) • 깻잎 300g • 초피가루 · 소금 약간

배추 양념 된장 3큰술 • 찹쌀가루 2큰술 • 들깻가루 2큰술 • 고춧가루 1큰술 • 다진 마늘 4작은술 • 다진 생강 2작은술

고사리 · 토란대 양념 소금 1작은술 • 다진 마늘 2작은술 • 다진 생강 1작은술 • 후춧가루 약간

만드는 법

1. 미꾸라지는 해감을 한 후 물을 붓고 2시간 정도 약한 불에서 충분히 삶아 체에 내린다.
2. 풋배추, 고사리, 토란대는 각각 삶아서 잘게 썬다. 대파, 풋고추, 붉은 고추는 어슷썬다(0.3cm).
3. 삶은 배추, 고사리와 토란대는 각각 양념으로 무친다.
4. 1의 미꾸라지국물에 3과 인삼, 깻잎, 대파, 붉은 고추를 넣고 끓이다가 소금으로 간을 맞춘다.
5. 그릇에 담아 초피가루를 뿌리고 식성에 따라 풋고추나 다진 마늘을 더 넣어 먹는다.

출 처
충청남도 농업기술원, 충남 향토음식 맛 기행, 2005

국

장어보양탕

재 료

장어 2마리 • 황기 · 인삼 · 대추 · 은행 · 마늘 · 쑥갓 · 숙주 · 미나리 · 표고버섯 · 대파 · 쌀가루 · 들깻가루 · 물 · 된장 · 고춧가루 · 소금 · 들기름 적량

만드는 법

1. 장어는 깨끗이 씻어 머리를 썰어 두고 뼈를 발라 낸 다음 적당한 크기로 썰어 놓는다.
2. 쑥갓, 미나리, 표고버섯, 대파는 다듬어 깨끗이 씻은 다음 적당한 크기로 썬다.
3. 숙주는 끓는 물에 데쳐 물기를 꼭 짜고 적당한 크기로 썬다.
4. 장어의 머리와 뼈에 황기, 대추, 인삼, 마늘을 넣어 푹 고아서 체에 걸러 육수를 만든 후 된장을 풀어 놓는다.
5. 4의 육수에 쌀가루와 들깻가루를 풀어 놓는다.
6. 장어와 은행을 들기름에 볶다가 5의 육수를 넣고 준비한 채소와 고춧가루를 약간 넣어 끓으면 소금으로 간을 한다.

참고사항

장어 보양탕은 한약 재료가 첨가되어 특유의 향이 곁들어져 단백하며, 강장식품으로 보혈, 보신을 상징한다.

정보제공자

한석자, 충청남도 연기군 서면 와촌1리

국

해삼국

재 료

해삼 600g(3개) • 미더덕 200g • 양파 80g(½개) • 풋고추 15g(1개) • 붉은 고추 15g(1개) • 물 1.6L(8컵) • 대파 35g(1뿌리) • 다진 마늘 1큰술 • 소금 적량

만드는 법

1. 해삼은 깨끗이 손질하여 적당한 크기로 썰어 물을 넣고 끓인다.
2. 대파, 풋고추, 붉은 고추는 어슷썰고(0.3cm), 양파는 굵게 채 썬다.
3. 1이 한소끔 끓으면 미더덕, 풋고추, 붉은 고추, 양파, 대파, 다진 마늘을 넣고 소금 간을 하여 다시 끓인다.

정보제공자
안선희, 충청남도 태안군 고남면 누동2리

국

황복국

재 료

황복 1마리 • 쇠고기 100g • 무 150g • 쑥갓 100g • 물 1.2L(6컵) • 대파 35g(1뿌리) • 다진 마늘 1큰술 • 고추장 2큰술 • 된장 1큰술

만드는 법

1. 깨끗이 손질한 황복은 3~4등분으로 토막 낸다.
2. 냄비에 분량의 물을 붓고 고추장과 된장을 푼 다음 잘게 썬 쇠고기와 납작썬 무를 넣고 끓인다.
3. 국물이 끓으면 손질한 황복을 넣고 다시 끓이다가 맨 나중에 쑥갓, 어슷썬 대파, 다진 마늘을 넣어 한소끔 끓인다.

참고사항
충청남도 부여군 세도면은 지리적으로 금강과 가까이 있어 산란기에 찾아드는 바닷고기를 이용한 음식이 많았다.

정보제공자
이춘선, 충청남도 부여군 세도면 간대리

게국지찌개

재 료

무 200g(¼개) • 배추 600g(½포기) • 게 400g(소 2마리) • 새우 200g(18마리)

소금물 소금 ⅓컵 • 물 400mL(2컵)

양념 액젓 ¼컵 • 다진 파 4큰술 • 다진 마늘 2큰술 • 고춧가루 ½컵

만드는 법

1. 무, 배추는 소금물에 2시간 정도 절인다.
2. 게는 딱지를 떼어 내고 깨끗이 씻은 다음 반으로 갈라 살을 발라 내어 잘게 다진다.
3. 절인 무와 배추는 씻어 물기를 빼고 납작하게(3×4×0.5cm) 썬다.
4. 3에 다진 게살, 새우, 양념을 넣고 버무린 후 숙성시킨다.
5. 숙성한 게국지를 냄비에 담아 물을 붓고 찌개로 끓인다.

참고사항

서해안에는 젓국과 꽃게가 많이 생산되므로 꽃게를 이용한 음식이 많고, 무나 배추우거지로 담은 게국지는 예부터 전해 오는 서해안의 대표적인 음식이다.

정보제공자
김춘희, 충청남도 태안군 태안읍 장산리

꽃게찌개

재 료

꽃게 500g(2마리) • 양파 150g(1개) • 물 600mL(3컵) • 풋고추 30g(2개) • 된장 1큰술 • 고춧가루 2큰술 • 대파 35g(1뿌리) • 다진 마늘 1큰술 • 국간장 적량

만드는 법

1. 꽃게의 딱지를 떼어 내고 깨끗이 씻어 4등분한다.
2. 양파는 0.3cm 너비로 채 썰고, 대파와 풋고추는 어슷썬다(0.3cm).
3. 냄비에 물을 부어 된장을 풀고, 고춧가루를 넣어 끓인 후 꽃게를 넣고 한소끔 끓인다.
4. 3에 양파, 다진 마늘, 대파, 풋고추를 넣어 한 번 더 끓인 후 국간장으로 간을 맞춘다.

참고사항

예부터 충남 꽃게는 타 지역의 꽃게보다 맛과 크기가 뛰어나 많은 양을 일본에 수출하고 있으며, 수심 30m 정도의 깨끗한 모래 바닥에 서식하고 있다. 이러한 양질의 꽃게를 옛 조상들은 꽃게탕으로 즐겨 먹었다. 서해안의 꽃게는 3~5월과 10~11월에 가장 맛이 좋으며, 찌개는 가장 손쉽게 할 수 있는 요리이다.

정보제공자
이경순, 충청남도 당진군 석문면 교호2리
조경자, 충청남도 보령시 웅천읍 죽청1리
지경옥, 충청남도 서산시 대산읍
차미향, 충청남도 당진군 당진읍

돼지고기곱창찌개

재 료

돼지곱창 400g • 배추김치 200g • 양파 80g(½개) • 깻잎 30g(20장) • 대파 20g(½뿌리) • 물 600mL(3컵) • 고추장 2큰술 • 고춧가루 1큰술 • 들기름 1큰술 • 들깻가루 1큰술 • 다진 마늘 1½큰술

만드는 법

1. 돼지곱창을 밀가루로 닦아 깨끗이 손질한다.
2. 깨끗이 손질한 곱창을 끓는 물에 살짝 데쳐서 3~4cm 길이로 썬다.
3. 양파는 굵게 채 썰고(0.3cm), 깻잎은 돌돌 말아 0.5cm 간격으로 썰고, 배추김치는 송송 썬다(0.5cm 길이로).
4. 냄비에 물을 붓고 고추장을 풀어 넣은 다음 고춧가루, 들기름, 곱창, 양파, 김치를 넣고 끓인다.
5. 찌개가 어우러져 익으면 어슷썬 대파, 다진 마늘, 깻잎을 넣고 마지막에 들깻가루를 넣는다.

출 처
농촌진흥청, 향토음식, www2.rda.go.kr/food, 2006

메밀풀장

재 료

메밀 3컵 • 배추김치 300g • 물 적량

만드는 법

1. 메밀을 맷돌이나 분쇄기로 갈아 놓는다.
2. 간 메밀을 체에 내려 껍질을 제거하고 가루를 낸다.
3. 냄비에 물을 넣고 배추김치를 끓이다가 메밀을 풀어 넣어 끓인다.

참고사항

쌀이 부족했던 시절에 구황식으로 먹던 음식이다.

정보제공자

한상례, 충청남도 홍성군 은하면 장척리

찌개 · 전골

생선잡탕찌개

재료

아귀 1마리 • 우럭 1마리 • 서대 1마리 • 대합 1개 • 잔새우 100g(9마리) • 미나리 100g • 쑥갓 100g • 무 200g(½개) • 대파 70g(2뿌리) • 물 600mL(3컵) • 고추장 2큰술 • 고춧가루 2큰술 • 다진 마늘 1큰술 • 청주 1큰술 • 소금 1큰술

만드는 법

1. 생선은 비늘과 내장을 제거한 후 아귀는 먹기 좋은 크기로 토막 내고, 우럭과 서대는 그대로 사용한다.
2. 대합은 해감을 빼고, 새우는 깨끗이 씻어 놓는다.
3. 무는 나박썰기 하고(2.5×2.5×0.3cm), 미나리, 쑥갓, 대파는 4~5cm 길이로 썬다.
4. 냄비에 물을 붓고 고추장, 고춧가루를 풀고 무를 넣어 한소끔 끓인다.
5. 국물이 끓으면 손질한 생선을 넣고 끓이다가 대합과 새우를 넣고 소금으로 간을 맞춘 다음 대파, 다진 마늘, 청주, 미나리, 쑥갓을 넣고 한소끔 끓인다.

참고사항

- 충청남도 서천군 비인면은 바닷가와 인접한 지역으로 신선한 바다생선과 해조류를 이용한 음식이 발달하였고 여러 가지 생선과 해조류를 이용해 얼큰하고 시원한 찌개를 즐겨 먹었다.
- 생선의 비린 맛 제거를 위해 청주를 조금 넣어 준다.

정보제공자
노옥연, 충청남도 서천군 비인면 관리

찌개 · 전골

서대찌개

재 료

서대 1마리 • 미더덕 200g • 미나리 100g • 무 100g • 애호박 100g(¼개) • 풋고추 15g(1개) • 대파 35g(1뿌리) • 물 600mL(3컵) • 고춧가루 2큰술 • 다진 마늘 1큰술 • 다진 생강 1작은술 • 소금 1작은술

만드는 법

1. 서대는 비늘과 내장을 제거하고 깨끗이 씻는다.
2. 무는 나박썰기 하고(2.5×2.5×0.3cm), 미나리는 적당한 길이로 썬다.
3. 냄비에 물을 넣고 고춧가루를 푼 후 무를 넣어 한소끔 끓인다.
4. 애호박은 반달썰기 하고(0.4~0.5cm), 풋고추와 대파는 어슷썬다(0.3cm).
5. 3에 서대와 미더덕을 넣고 끓인 후 애호박, 미나리, 풋고추, 대파, 다진 마늘, 다진 생강순으로 넣어 끓이면서 소금으로 간을 한다.

참고사항

- 서대는 '서대기' 라고도 하며 양서대과와 참서대과에 딸린 물고기를 통틀어 말한다. 몸이 나뭇잎처럼 납작하고 신발바닥처럼 생겼는데, 두 눈이 전부 왼쪽에 달렸다. 몸빛은 어두운 갈색으로 얼룩점이 흩어져 있으며, 눈 있는 쪽의 입술에 수염이 많이 나 있다. 각시서대 · 개서대 · 참서대 등 종류가 많으며 해저어(海底魚) · 화저어(鞾底魚)라고도 하고 충청도에서는 박대라고 한다.
- 서대(박대, 장대)는 서천 지역 사람들이 자주 애용하는 생선으로 매운탕, 구이, 찜과 같은 조리법을 주로 사용한다.

정보제공자
남기낭, 충청남도 서천군 화양면 추동리

우거지찌개

방법 1 무청우거지찌개

재 료

무청짠지 300g • 쌀뜨물 600mL(3컵) • 들기름 1큰술 • 다진 마늘 1큰술 • 마른 고추 1개

무청짠지 무청 5kg • 소금 5컵 • 물 4L(20컵)

만드는 법

1. 무청을 잘 다듬어 소금물에 절여 놓는다.
2. 절여진 무청을 항아리에 담고 소금물을 다시 붓는다.
3. 약 1~2개월 정도 지나면 소금에 삭힌 무청짠지가 된다.
4. 무청짠지를 물에 담가 짠맛을 우려 낸 후 물기를 빼고 4~5cm 길이로 썬다.
5. 냄비에 무청짠지, 들기름, 다진 마늘을 넣고 무친 다음 쌀뜨물과 송송 썬 마른 고추를 넣고 부드러워질 때까지 끓인다.

참고사항

시래기를 흔히 '우거지' 라고도 하는데, 우리말사전에 '우거지' 는 푸성귀를 다듬을 때 골라 놓은 겉대이고, '시래기는 배춧잎이나 무청을 말린 것으로 흔히 푸른 무청을 새끼 따위로 엮어 말린 것이라고 한다. 무청우거지찌개는 서민들의 밥상에 자주 오른다.

정보제공자
정향순, 충청남도 서산시 석남동

방법 2 배추우거지찌개

재 료

절인 우거지 300g • 쌀뜨물 600mL(3컵) • 들기름 1큰술 • 들깻가루 1큰술

배추짠지 배추우거지 8kg • 조릿대 200g • 소금 8컵 • 물 8L(40컵)

만드는 법

1. 배추우거지(푸른 겉잎)를 골라 소금물에 절인다.
2. 조릿대의 줄기와 잎은 적당한 길이로 잘라 깨끗이 손질해 놓는다.
3. 2를 항아리의 ⅓ 정도 되게 넣고 절여진 배추우거지를 담는다.
4. 약 30일 정도 지나면 김치가 무르면서 익는다.
5. 4의 우거지를 먹을 만큼 꺼내어 물에 담가 짠맛을 우려 낸 후 들기름을 넣고 무친 다음 쌀뜨물을 부어 끓인다.
6. 한소끔 끓으면 들깻가루를 넣고 한 번 더 끓인다.

참고사항

배추짠지는 여러 가지 부재료를 넣고 맛있는 김치를 만들기 어렵던 시절에 서민들이 해먹던 김치이다.

정보제공자

정향순, 충청남도 서산시 석남동

고문헌

조선요리제법(우거지찌개), 조선무쌍신식요리제법(우거지찌개)

찌개 · 전골

우럭젓국찌개

재 료

우럭 200g(1개) • 무 200g(¼개) • 미나리 50g • 쌀뜨물(또는 물) 800mL(4컵) • 대파 35g(1뿌리) • 액젓 1큰술 • 소금 1작은술 • 다진 마늘 1큰술

만드는 법

1. 우럭은 포를 떠서 소금으로 간을 한 후 햇볕에 말린다.
2. 무는 3×4×0.7cm 크기로 썰고, 미나리는 4~5cm 길이로 썬다.
2. 쌀뜨물에 우럭포, 무, 액젓을 넣고 끓인다.
3. 육수가 충분히 우러나올 정도로 끓었을 때 어슷썬 대파, 다진 마늘, 미나리를 넣어 한소끔 더 끓인다.

참고사항

- 예부터 제사상에 갖가지 포가 올라갔다. 그때 여러 가지 어포의 살은 발라서 먹고 뼈와 머리만 남게 되면 그것을 버리지 않고 젓국을 넣고 찌개를 해서 먹었다.
- 우럭포 대신 놀래미나 삼식이, 조기, 깜팽이(우럭과 비슷)를 사용해도 된다.

정보제공자
김월희, 충청남도 서산시 음암면 율목리

우렁이된장찌개

재 료

우렁이 100g • 애호박 80g(¼개) • 감자 100g(⅔개) • 두부 150g(⅓모) • 풋고추 30g(2개) • 붉은 고추 30g(2개) • 물 600mL(3컵) • 된장 2큰술 • 대파 20g(½뿌리) • 다진 마늘 1작은술 • 소금 약간

만드는 법

1. 우렁이는 1~2일 물을 계속 갈아 주어 해감을 한 후 삶아서 살을 꺼낸다.
2. 감자와 애호박은 도톰하게 은행잎 모양으로 썰고, 두부는 납작하게 썬다(4×3×0.5cm).
3. 풋고추, 붉은 고추, 대파는 어슷썬다(0.3cm).
4. 냄비에 된장을 풀고 감자를 넣어 끓인다.
5. 감자가 어느 정도 익으면 두부, 애호박, 우렁이를 넣어 끓인다.
6. 한소끔 끓고 나면 풋고추, 붉은 고추, 대파, 다진 마늘을 넣고 소금으로 간을 맞추어 푹 끓여 낸다.

✲ 참고사항

우렁이살은 삶아서 꺼내기도 하지만, 살아 있는 채로 껍질을 깨뜨려 살을 꺼내야 제 맛을 내게 할 수 있다.

출 처

농촌진흥청, 향토음식, www2.rda.go.kr/food, 2006

천문동조기찌개

재 료

천문동 15g • 조기 170g(1마리) • 쑥갓 20g • 대파 35g(1뿌리) • 물 600mL(3컵) • 고추장 2큰술 • 된장 1큰술 • 다진 마늘 1큰술

멸치장국국물 멸치 30g(15마리) • 무 100g • 물 400mL(2컵)

만드는 법

1. 잘게 썬 천문동은 물 3컵을 붓고 한 시간쯤 끓여 국물이 한 컵 정도로 줄면 체에 걸러 물을 받는다.
2. 물 2컵에 멸치와 납작하게 썬 무를 넣고 끓여 멸치장국국물을 만든다.
3. 1과 2를 합한 국물에 된장, 고추장을 풀어서 끓으면 무와 손질한 조기를 넣는다.
4. 어느 정도 끓어서 국물이 어우러지면 쑥갓, 어슷썬 대파, 다진 마늘을 넣는다.

정보제공자
정영구, 충청남도 부여군 장암면 석동리

호박갈치찌개

재 료

늙은 호박 100g • 갈치 320g(1마리) • 풋고추 60g(4개) • 양파 150g(1개) • 대파 20g(½뿌리) • 물 600mL(3컵) • 고춧가루 1큰술 • 소금 1큰술 • 새우젓 1큰술 • 다진 마늘 1큰술

만드는 법

1. 갈치는 지느러미를 다듬어 5cm 길이로 토막 낸다.
2. 늙은 호박은 씨를 긁어 내고 껍질째 도톰하게 썰어 놓는다.
3. 풋고추는 어슷썰고, 대파와 양파는 굵게 채 썰어 놓는다.
4. 냄비에 늙은 호박을 깔고 고춧가루와 새우젓, 소금을 넣어 호박이 잠길 정도의 물을 붓고 끓인다.
5. 호박이 무르고 양념이 배면 갈치를 넣고 그 위에 대파와 풋고추, 양파를 넣어 끓인다.

참고사항

호박과 갈치는 궁합이 잘 맞는 음식으로, 갈치찌개에 호박을 넣으면 찌개의 맛이 부드러우면서도 구수해진다.

정보제공자
지경옥, 충청남도 서산시 대산읍 대산리

황복찌개(물잠뱅이찌개)

재 료

황복(물잠뱅이) 1마리 • 무 100g • 대파 35g(1뿌리) • 물 600mL(3컵) • 된장 1큰술 • 고추장 1큰술 • 고춧가루 1큰술 • 다진 마늘 1큰술 • 소금 1작은술

만드는 법

1. 황복은 내장을 꺼내고 손질하여 꾸들꾸들하게 말린다.
2. 무는 납작하게 썬다(3×4×0.7cm).
3. 냄비에 물을 붓고 된장, 고추장을 푼 다음 무를 넣고 끓인다.
4. 한소끔 끓여 무가 어느 정도 익으면 황복을 넣고 고춧가루, 다진 마늘, 어슷썬 대파를 넣어 국물맛이 우러나면 소금으로 간을 맞춘다.

✻ 참고사항

황복은 늦가을부터 초봄까지 나는 생선으로 시원하고 얼큰하여 해장국으로 좋다.

정보제공자
하은하, 충청남도 서천군 서천읍 신송리

찌개 · 전골

굴전골

재 료

굴 400g(2컵) • 표고버섯 80g(6장) • 당근 80g(½개) • 풋고추 60g(4개) • 붉은 고추 45g(3개) • 달걀 200g(4개) • 육수 500mL(2½컵) • 소금 · 식용유 적량

만드는 법

1. 굴은 소금물에 씻어 껍질을 골라 낸다.
2. 손질한 굴의 반은 밀가루를 묻히고 달걀물을 씌워 전을 부친다.
3. 당근은 납작하게 썰고(5×3×0.5cm), 풋고추와 붉은 고추는 반으로 갈라 씨를 제거한 후 당근과 같은 크기로 썬다.
4. 표고버섯도 당근과 같은 크기로 썰고, 달걀은 황백지단으로 부쳐서 같은 크기로 썬다.
5. 냄비에 표고버섯, 당근, 풋고추, 붉은 고추, 황백지단순으로 돌려 가며 담고 가운데에 굴전과 남은 굴을 얹고 그 위에 달걀노른자를 올린 후 소금으로 간한 육수를 부어 끓인다.

참고사항

굴의 시원한 맛과 표고버섯의 담백한 맛이 깊은 국물 맛을 낸다.

출 처
충청남도 농업기술원, 충남 향토음식 맛 기행, 2005

정보제공자
박현옥, 충청남도 태안군 안면읍 창기리

김치

게국지김치 (호박게국지)

재료

능쟁이 1kg • 배춧잎 4kg • 무 400g(½개) • 늙은 호박 200g • 소금 적량

양념 마른 고추 10개 • 대파 70g(2뿌리) • 마늘 60g(2통) • 생강 20g(5쪽) • 액젓 ½컵

만드는 법

1. 능쟁이는 소금물로 해감을 빼 딱지를 떼고, 집게발은 날카로운 부분을 떼어 내어 2등분한다.
2. 배춧잎은 소금에 살짝 절여서 물에 헹궈 건져 놓는다.
3. 호박은 반으로 갈라 씨를 제거한 후 얄팍하게 썰고, 무도 손질하여 호박과 같은 크기로 썬다.
4. 마른 고추는 손질하여 물에 살짝 담갔다가 대파, 마늘, 생강, 액젓과 함께 분쇄기에 갈아 양념을 만든다.
5. 모든 재료를 양념에 버무려 배춧잎으로 돌돌 말아 싼다. 남은 양념으로 국물을 만들어 하루 정도 지난 후에 위에 부어 준다. 한 달 정도 숙성시킨 후 생으로 먹거나 찌개를 끓여 먹는다.

1

2

3

4

참고사항

- 능쟁이는 갯벌에 사는 회색의 조그만 게를 뜻한다.
- 게국지김치는 서해안에서 나오는 해산물을 넣어 만든 지져 먹는 김치이다. 해산물이 나오는 철에 따라 물새우나 중하(새우), 꽃게, 황발이나 능쟁이, 박하지 등의 갑각류를 거칠게 찧어서 넣어 담가 먹던 음식이다. 보통의 젓갈을 사용하지 않고 어리굴젓을 담기 위해 굴을 절였던 젓국, 게장을 담갔던 게젓국 등을 이용하여 김치를 담그면 지졌을 때 구수한 맛이 난다.

출처
태안군농업기술센터, 전통음식의 맛 · 멋, 1997
농촌진흥청, 향토음식, www2.rda.go.kr/food, 2006

정보제공자
김월희, 충청남도 서산시 음암면 율목리

조리시연자
김찬화, 대전광역시 서구 월평동

김치

고들빼기갈치김치

재료

고들빼기 400g • 쪽파 200g • 갈치 160g(1/2마리) • 소금 2큰술 • 물 400mL(2컵)

양념 멸치젓 1/2컵 • 고춧가루 2/3컵 • 설탕 1큰술

만드는 법

1. 고들빼기는 깨끗이 씻어 연한 소금물에 5일 정도 절여 둔다.
2. 쪽파는 다듬어 깨끗이 씻고 적당한 크기로 썬다.
3. 갈치는 비늘을 긁어 내고 손질하여 적당한 크기로 토막 낸다.
4. 고들빼기가 삭으면 건져서 쪽파, 갈치, 멸치젓, 고춧가루, 설탕을 넣고 버무려 익혀 먹는다.

참고사항

쌉쌀한 맛과 향이 독특한 고들빼기김치는 김장철에 따로 담가 두었다가 음력 설 이후까지 별미로 먹곤 했으며, 갈치와 멸치가 들어가 맛이 좋고 영양가가 풍부하다.

정보제공자
채청자, 충청남도 홍성군 갈산면 내갈리

김치

고추무김치

재료

풋고추 1kg • 무 350g(1/3개) • 실파 50g • 고춧가루 1/2컵 • 소금 4큰술 • 소금물(소금 : 물 = 1 : 5) 1L(5컵)

양념 다진 생강 5큰술 • 다진 마늘 6큰술 • 설탕 2큰술

만드는 법

1. 풋고추는 씻어 물기를 말린 뒤 소금물에 담가 삭힌다.
2. 실파는 3cm 길이로 썰고, 무는 채 썬다(3×0.2×0.2cm).
3. 채 썬 무에 고춧가루를 넣어 버무린 뒤 실파를 넣고 준비한 양념으로 버무린다.
4. 삭힌 고추의 양 끝 1cm만 남기고 칼집을 낸 다음 3을 채워 넣는다.

출처
청양군농업기술센터, 청양의 맛, 2000

김치

굴깍두기

재료

무 3kg(3½개) • 굴 300g(1½컵) • 고춧가루 80g(1컵) • 소금 4큰술

소금물 소금 2작은술 • 물 400mL(2컵)

양념 실파 200g • 황석어젓 1컵 • 다진 마늘 4큰술 • 다진 생강 2큰술 • 설탕 2큰술

만드는 법

1. 무는 깨끗이 손질하여 깍둑썰기(사방 2cm) 한 다음 소금에 살짝 절여 체에 밭쳐 놓는다.
2. 고춧가루는 미지근한 물에 불려 놓는다.
3. 황석어젓은 머리를 뗀 후 곱게 다지고, 굴은 연한 소금물에 여러 번 헹구어 체에 밭쳐 놓는다.
4. 불린 고춧가루에 무를 넣어 색을 낸 뒤 실파, 다진 마늘, 다진 생강, 황석어젓, 설탕을 넣고 버무려 간을 맞추고 마지막에 굴을 넣고 살살 버무린다.

참고사항

굴깍두기는 겨울철 김장김치를 담글 때 주로 같이 담근다. 서산 지역의 굴은 알이 작아 양념이 잘 배어들어 싱싱한 굴을 넣고 각종 김치를 담가 먹어 왔다.

정보제공자
박금화, 충청남도 서산시 부석면 마룡리

고문헌
조선요리제법(굴깍두기)

꺼먹김치

재료

무청 1kg • 굵은 소금 1컵 • 들기름 1큰술 • 다진 마늘 1큰술 • 깨소금 1큰술

만드는 법

1. 김장철에 무청을 소금에 절여 둔다.
2. 여름철에 무청을 꺼내 물로 헹군 다음 5cm 길이로 썬다.
3. 냄비에 들기름을 두르고 무청을 볶다가 물을 부어 끓인 후 다진 마늘, 깨소금으로 양념한다.

참고사항

김장을 담그고 나면 무청이 남는 경우가 많은데, 이 무청은 말려서 여러 가지 음식에 넣어 먹거나 김치, 나물로 이용하기도 한다. 무는 뿌리보다는 잎에 더 영양소가 많으므로 이 무청김치는 겨울철 부족한 비타민 섭취에 좋고, 씹히는 질감이 아주 좋다.

정보제공자
김화자, 충청남도 당진군 당진면 용연리
박명순, 충청남도 예산군 삽교읍 평촌리

김치

능쟁이석박지

재료

능쟁이 1kg • 배추 3kg(1포기) • 무 3kg(3½개) • 무청 1.5kg • 국간장 · 고춧가루 · 다진 파 · 다진 마늘 적량

만드는 법

1. 능쟁이를 늦은 봄에서 가을까지 국간장을 부어 삭힌다.
2. 삭힌 능쟁이를 김장철에 큼직하게 썬 무청, 무, 배춧잎을 넣고 고춧가루, 다진 파, 다진 마늘로 양념하여 익으면 쪄서 먹는다.

출처
충청남도 농업기술원, 충남 향토음식 맛 기행, 2005

김치

더덕물김치

재료

더덕 3kg • 무 500g(⅔개) • 미나리 500g • 실파 200g • 마늘 60g(2통) • 생강 40g • 붉은 고추 200g • 밤(깐 것) 200g(10개) • 잣 50g(⅓컵) • 실고추 30g(1컵) • 소금 적량

소금물 소금 1큰술 • 물 1L(5컵)

만드는 법

1. 더덕은 껍질을 벗겨, 소금물에 2~3시간 담근 다음 물기를 제거하고 칼등으로 두들겨 5cm 길이로 썬다.
2. 무는 나박썰기 하고(2.5×2.5×0.3cm), 미나리, 실파는 4~5cm 길이로 썬다.
3. 마늘, 생강, 밤은 곱게 채 썬다. 붉은 고추는 어슷썰거나 통째로 곱게 간다.
4. 항아리에 준비한 재료를 모두 넣은 다음 소금물을 붓고 고루 섞는다.
5. 2~3시간 뒤 국물 간을 맞추고 서늘한 곳에 보관한다.

새우젓깍두기

재료

무 2kg(2⅓개) • 미나리 100g • 실파 100g • 굴 200g(1컵) • 우거지 적량

소금물 소금 1작은술 • 물 200mL(1컵)

양념 다진 마늘 ½컵 • 다진 생강 ⅓컵 • 고춧가루 150g • 멸치젓국 ½컵 • 설탕 1큰술 • 소금 ¾컵 • 새우젓 ½컵 • 통깨 · 실고추 적량

만드는 법

1. 무는 깨끗이 씻어 깍둑썰기 한다(사방 2cm).
2. 미나리, 실파는 다듬어 씻어 4cm 길이로 썬다.
3. 굴은 소금물에 깨끗이 씻어 건져 물기를 뺀다.
4. 고춧가루를 젓국에 되직하게 개어 놓는다.
5. 무, 미나리, 실파에 고춧가루 갠 것과 다진 마늘, 다진 생강, 새우젓, 소금, 설탕을 넣고 버무려 간을 맞춘다. 마지막에 통깨, 실고추, 굴을 넣어 살살 버무려 항아리에 꼭꼭 눌러 담고 우거지를 얹어 돌로 눌러 놓는다.

참고사항

굴을 넣으면 시원하고 맛이 좋으나 오래 두고 먹지 못한다.

출처

문화공보부 문화재관리국, 한국민속종합조사보고서(향토음식 편), 1984

김치

시금치국물김치

재 료

시금치 400g • 미나리 80g • 국수 100g • 통고추 3개 • 소금 · 물 적량

양념 다진 마늘 2큰술 • 소금 2큰술 • 액젓 5큰술 • 설탕 1큰술

만드는 법

1. 시금치는 깨끗이 씻어서 연한 소금물에 절인다.
2. 국수는 푹 삶아서 분쇄기에 갈아 죽처럼 만든다.
3. 미나리는 4~5cm 길이로 썰어 2에 넣고 다진 마늘, 액젓, 설탕, 소금을 넣어 간을 맞춘다.
4. 3에 절인 시금치를 넣어 적당히 숙성시킨다.

정보제공자
최복자, 충청남도 예산군 삽교면 상성1리

김치

씀바귀김치

재 료

씀바귀 · 소금 · 액젓 · 고춧가루 · 다진 마늘 · 다진 생강 · 설탕 · 물 적량

만드는 법

1. 씀바귀는 깨끗이 씻은 후 소금물에 10일 정도 삭힌다.
2. 삭힌 씀바귀를 깨끗이 씻어서 액젓과 고춧가루, 다진 마늘, 다진 생강, 설탕, 소금을 넣고 버무려 간을 맞춘 다음 항아리에 넣어 숙성시킨다.

참고사항

봄이면 나른함을 호소하면서 입맛이 없다는 사람들이 많다. 이것은 신체의 장기가 왕성한 기능을 해야 하는 봄철에 영양소 부족으로 그 요구를 충족시킬 수 없어서 일어나는 현상이다. 이럴 때 씀바귀나 고들빼기같이 쓴맛 나는 봄나물이 식욕을 돋우는 역할을 한다. 씀바귀를 깨끗이 씻어서 살짝 데친 뒤 갖은 양념을 해서 나물을 무쳐도 좋고, 생으로 김치를 담가 먹어도 좋다.

정보제공자
김선향, 충청남도 예산군 대흥면 상중리

인삼김치

재료

인삼(수삼) 100g • 소금 ½큰술 • 실파 30g • 물 적량

양념 다진 마늘 1큰술 • 고춧가루 3큰술 • 멸치젓 2큰술 • 찹쌀가루 20g(2½큰술) • 물 200mL(1컵)

만드는 법

1. 인삼은 깨끗이 씻어서 물기를 뺀 다음 길이가 긴 것은 가위로 2~3등분으로 잘라서 소금에 살짝 절인다.
2. 실파는 3~4cm 길이로 썬다.
3. 찹쌀가루는 물에 개어 찹쌀풀을 쑨 다음 식히고, 고춧가루는 멸치젓에 개어 놓는다.
4. 실파, 고춧가루 갠 것, 다진 마늘, 찹쌀풀을 골고루 섞은 다음 1의 인삼을 넣고 버무린다.
5. 끓여서 식힌 물을 적당량 김칫국물로 부어 하루쯤 두었다가 먹는다.

짠지

재료

무 5kg(6개) • 굵은 소금 750g($5\frac{3}{4}$컵) • 물 적량

만드는 법

1. 김장 때 무를 씻은 다음 소쿠리에 건져서 물기를 뺀다.
2. 항아리에 무를 한 켜 넣고 소금을 뿌리고 다시 무 한 켜 넣고 소금을 뿌려 2~3일간 절인 다음 묵직한 돌로 눌러 떠오르지 않게 한다.
3. 항아리 밑바닥에 고인 물의 간을 본 다음 소금물을 만들어서 무가 완전하게 잠길 정도로 붓는다.
4. 상에 낼 때는 무를 나박썰어(2.5×2.5×0.3cm) 동치미처럼 물을 부어 낸다.

참고사항

대체로 간은 짜게 해야 이듬해 여름까지 안전하게 두고 먹을 수 있다. 입맛이 없는 봄, 여름에 무를 채 썰어서 참기름, 마늘, 고춧가루에 무치거나 납작하게 썰어 식초물에 띄워 먹으면 식욕을 돋운다.

고문헌

조선무쌍신식요리제법(나복함저 : 蘿蔔醎菹)

김치

호박지

재료

늙은 호박 1kg(½개) • 소금 2컵 • 무청 500g • 배추우거지 500g • 쪽파 100g • 민물새우 200g

양념 다진 마늘 2큰술 • 다진 생강 1큰술 • 고춧가루 1컵 • 새우젓 ½컵 • 조기젓국 3큰술 • 소금 약간

만드는 법

1. 늙은 호박을 반으로 잘라 껍질을 벗기고, 씨를 뺀 다음 1cm 두께로 썰어 소금에 절였다가 물기를 뺀다.
2. 배추우거지와 무청은 소금에 2~3시간 절였다가 깨끗이 씻어 물기를 뺀다.
3. 쪽파는 5cm 길이로 썬다.
4. 절인 호박, 배추우거지, 무청에 쪽파, 민물새우, 양념을 넣어 버무려 간을 맞춘 다음 항아리에 담아 숙성시킨다.
5. 밥솥에 얹어서 쪄 먹거나 찌개를 끓여 먹는다.

참고사항

가을걷이 무렵 농촌에서 흔히 볼 수 있는 서리 맞은 호박들을 저장하는 하나의 방편이다. 호박고지로 썰어 말리기도 하고, 배추와 무청 등을 섞어 호박김치를 담그기도 한다. 서리를 맞아 주황색으로 속살이 더욱 단단해진 가을호박은 연한 맛과 달작지근한 맛을 지녔다. 예로부터 농촌 지방의 토산김치로 알려져 왔으나, 지금은 별미김치로 어디서나 손쉽게 담가 먹는다.

정보제공자
김경순, 충청남도 홍성군 서부면 이호리
이은선, 충청남도 예산군 대술면 화산리

나물 – 생채

굴생채

재 료

굴 100g(½컵) • 무 400g(½개) • 쪽파 50g • 고춧가루 2큰술 • 통깨 2작은술

소금물 물 200mL(1컵) • 소금 1작은술

양념 소금 2작은술 • 다진 마늘 2작은술 • 다진 생강 1작은술 • 설탕 2큰술

만드는 법

1. 굴은 연한 소금물에 살살 흔들어 씻어서 껍질을 제거하고 물기를 빼 놓는다.
2. 무는 곱게 채 썰어(5×0.2×0.2cm) 고춧가루를 넣고 버무린다.
3. 쪽파는 2~3cm 길이로 썰어 놓는다.
4. 무에 붉은 물이 들면 쪽파와 양념을 넣고 잘 버무린 다음 굴을 넣고 가볍게 섞는다.
5. 마지막으로 통깨를 뿌린다.

나물 – 생채

냉이회

재 료

냉이 200g • 쪽파 30g • 참기름 1작은술 • 깨소금 1작은술

양념 다진 마늘 1작은술 • 고춧가루 1큰술 • 새우젓 ½큰술 • 소금 ½작은술

만드는 법

1. 냉이는 뿌리째 다듬어 씻어 물기를 빼고, 쪽파는 적당한 길이로 썬다.
2. 냉이에 쪽파, 다진 마늘, 고춧가루, 새우젓, 소금으로 버무린 다음 참기름과 깨소금을 넣고 무친다.

참고사항

냉이는 3월경 잎이 시들기 전에 칼끝이나 뾰족한 쇠붙이로 뿌리째 캔다. 나생이 또는 나숭개라고도 하며 우리나라를 비롯해 온대 지역에 널리 분포되어 있다. 종류로는 싸리냉이, 좁쌀냉이, 논냉이, 나도냉이, 갯갓냉이 등이 있다. 한문으로는 청면초, 향선채, 제채라고 한다.

정보제공자
한종수, 충청남도 홍성군 결성면 무량리

나물 – 생채

묘삼생무침

재 료

묘삼(파삼) 200g

양념 고추장 1큰술 • 고춧가루 1큰술 • 다진 파 1큰술 • 다진 마늘 1작은술 • 식초 2큰술 • 설탕 1큰술 • 물엿 약간

만드는 법

1. 묘삼은 소쿠리에 담고 손으로 문질러 흙을 닦아 낸 다음 깨끗한 물이 나올 때까지 헹궈 소쿠리에 건져 놓고 잡티를 골라 낸다.
2. 분량의 재료로 양념을 만들어 손질한 묘삼을 넣고 무친다.

정보제공자
조한수, 충청남도 시산시

나물 – 숙채

자운영나물

재 료

자운영 줄기 400g • 소금 · 물 적량

양념 국간장 3큰술 • 다진 파 2큰술 • 다진 마늘 1큰술 • 소금 ½작은술 • 깨소금 1큰술

만드는 법

1. 자운영 줄기는 끓는 물에 소금을 넣고 살짝 데쳐서 찬물에 헹궈 물기를 꼭 짠다.
2. 1의 자운영 줄기에 양념을 넣어 무친다.

참고사항

• 자운영은 중국이 원산지이며, 재배를 하던 것이 야생화가 되어 저지대의 논이나 길가에서 자란다. 2년초로 줄기는 밑에서 가지가 많이 갈라지며 높이는 10~25cm 정도이다. 어려운 시절 보릿고개를 넘기던 음식이다.

• 자운영은 꽃피기 전에 새순이 나왔을 때 채취한다.

정보제공자
채청자, 충청남도 홍성군 갈산면 내갈리

나물 – 숙채

죽나무순무침

재 료

죽나무 순 400g

양념장 조갯살 100g(½컵) • 된장 1큰술 • 고추장 1큰술 • 풋고추 30g(2개) • 다진 파 2큰술 • 다진 마늘 1큰술

만드는 법

1. 죽나무의 어린 순은 깨끗이 씻어 살짝 데쳐 놓는다.
2. 풋고추는 굵게 다지고 분량의 재료와 섞어 냄비에 넣고 자작하게 졸여 양념 된장을 만든다.
3. 데친 죽나무 순을 양념장에 무친다.

정보제공자
최영자, 충청남도 서산시 부석면 지산2리

나물 – 숙채

질경이나물

재 료

말린 질경이 200g • 쌀뜨물 400mL(2컵)

양념 국간장 3큰술 • 들기름 2큰술 • 다진 파 2큰술 • 다진 마늘 1큰술

만드는 법

1. 말린 질경이를 쌀뜨물에 불려서 부드러워지도록 삶아 물에 헹구고 물기를 짠다.
2. 1의 질경이에 국간장, 들기름, 다진 파, 다진 마늘로 양념하여 볶는다.

참고사항

- 질경이는 예부터 내려오는 농사의 지표식물이다. 길섶(길의 가장자리)의 질경이가 말라 죽으면 그 해는 큰 가뭄이 든다고 미리 점쳤으며, 산중에서 길을 잃었을 때 질경이를 발견하면 인가가 가깝다는 것을 알 수 있었다고 한다. 한나라 광무제 때 마무(馬武)라는 장군이 황하 유역에서 가뭄에 시달려 병사와 말이 모두 식량과 물이 없어 요독증으로 죽게 되었을 때, 장군의 말이 전차 앞에 있는 풀을 뜯어 먹고 혈뇨(血尿)가 없어지고 원기를 회복하는 것을 보고 전 군에게 차 앞에 있는 풀을 말에게 먹이고 병사들에게 삶아서 먹였더니, 병이 낫고 원기를 회복해 승전하여 이 풀의 이름을 '차 앞의 풀'이라 했다는 중국의 고사도 함께 전해진다.
- 질경이의 어린 나물은 국으로 이용하고, 조금 억세진 나물은 삶아서 볶거나 말렸다가 묵나물이나 장아찌를 담가 먹기도 한다.

정보제공자
김겸순, 충청남도 예산군 예산읍 대회리

주식류 부식류 떡류 과정류 음청류 주류

파나물

재 료

쪽파 400g • 김 4g(2장)

양념 국간장 2큰술 • 설탕 1큰술 • 참기름 1큰술 • 깨소금 1큰술

만드는 법

1. 쪽파는 깨끗이 다듬어 끓는 물에 5cm 길이로 썬다.
2. 김은 살짝 구워 손으로 찢는다.
3. 손질한 쪽파에 구운 김과 국간장, 설탕, 참기름, 깨소금을 넣어 조물조물 무친다.

❄ 참고사항

서천군 비인면은 쪽파를 많이 재배하는 지역이다.

정보제공자

노옥연, 충청남도 서천군 비인면 관리

고문헌

조선요리제법(파나물), 조선무쌍신식요리제법(총채 : 葱菜), 시의전서(파나물)

도토리묵굴무침

재 료

도토리묵 600g • 굴 100g(½컵) • 물 200mL(1컵) • 소금 약간

양념 국간장 2큰술 • 다진 파 2큰술 • 다진 마늘 1큰술 • 참기름 1큰술 • 깨소금 1작은술

만드는 법

1. 도토리묵은 나박썰어(2.5×2.5×0.3cm) 양념에 무쳐 놓는다.
2. 굴은 연한 소금물에 씻어 물을 자작하게 붓고 살짝 끓여 놓는다.
3. 양념한 묵에 데친 굴을 넣고 소금으로 간을 한다.

참고사항

- 『옹희잡지』에서는 흉년에 산 속의 유민들이 도토리를 가루내어 청포처럼 묵을 만드는데, 이것은 갈색을 띠고 맛도 담(淡)하지만 능히 배고픔을 달랠 수 있다고 하였다.
- 차게 또는 뜨겁게 먹기도 하며, 도토리묵 외에 동부묵이나 기타 다른 묵도 가능하다.

정보제공자
김기숙, 충청남도 서산시 수석동

나물 – 기타

우무묵무침

재 료

우무 500g • 조갯살 200g(1컵) • 물 적량

양념 다진 파 2큰술 • 다진 마늘 1큰술 • 소금 1큰술 • 설탕 1큰술 • 통깨 1큰술 • 식초 1작은술

만드는 법

1. 우무에 물을 부어 누렇던 것이 하얗게 될 때까지 우려 낸다.
2. 우무를 솥에 넣고 물을 부은 후 푹 삶아 고운체에 내린다.
3. 뜨거울 때 묵 틀에 부어 식혀 굳힌 다음 한 모 크기로 썬다.
4. 3의 우무묵을 적당한 크기로 썰어 조갯살과 양념을 넣어 무친다.

✻ 참고사항

우무는 우뭇가사리를 끓여서 식힌 물질로 묵을 쑤어 여름철에 먹으면 시원하고 담백한 맛이 일품이다.

정보제공자

김미숙, 충청남도 태안군 안면읍 승언리
이복희, 충청남도 당진군 석문면 상봉리
최명숙, 충청남도 당진군 당진읍

나물 – 기타

원추리잡채

재 료

돼지고기(등심) 200g • 부추 80g • 말린 원추리꽃 200g • 대파 35g(1뿌리) • 생강 20g(5쪽) • 간장 1큰술 • 참기름 1큰술 • 식용유 2큰술

돼지고기 양념 간장 2큰술 • 청주 1큰술 • 전분 1큰술

만드는 법

1. 부추와 대파는 흰 부분과 푸른 부분을 나누어 5cm 길이로 채 썰고, 생강은 가늘게 채 썬다.
2. 돼지고기는 살로만 가늘게 채 썬다(5×0.2×0.2cm).
3. 말린 원추리꽃은 미지근한 물에 불려서 물기를 꼭 짠다.
4. 채 썬 돼지고기에 양념을 넣어 무쳐서 20분 이상 재워 둔다.
5. 팬에 식용유를 두르고 대파와 생강 채 썬 것을 넣어 센 불에서 볶아 향을 낸다.
6. 향이 나면 양념한 고기를 넣고 볶다가 고기가 익으면 부추와 대파의 흰 부분과 원추리꽃 불린 것을 먼저 넣고 간장을 넣어 한 번 볶아 준 후에 나머지 푸른 잎 부분을 모두 넣고 볶는다. 잠깐 볶아 숨이 죽으면 불을 끄고 참기름을 넣고 고루 섞는다.

참고사항

원추리는 시름을 잊게 해준다는 중국의 고사로 인하여 훤초(萱草) 또는 망우초(忘憂草) 라고도 부른다. 우리나라에서는 꽃의 꽃술을 따 버리고 쌈을 싸 먹는 것이 옛날의 꽃 식용법이었다. 그러나 오늘날에는 어린 순과 함께 샐러드로 이용하며 꽃봉오리는 튀겨서 먹기도 한다.

정보제공자
오연옥, 충청남도 청양군 대치면 탄정리

구이

백마강장어구이

재료

백장어 10마리

양념장 물엿 100g(⅓컵) • 간장 1½컵 • 생강 20g(5쪽) • 마른 고추 2개 • 마늘 30g(1통) • 통깨 1큰술

만드는 법

1. 간장에 물엿을 넣고 끓여 식힌다.
2. 1의 간장에 마른 고추, 편으로 썬 생강과 마늘을 넣어 끓여 양념장을 준비한다.
3. 장어는 세 장 뜨기로 포를 뜬 다음 석쇠에 구워 기름기를 뺀다.
4. 초벌구이한 장어에 준비한 양념장을 발라 다시 구워 통깨를 뿌린다.

1

2

3

4

출처
충청남도 농업기술원, 충남 향토음식 맛 기행, 2005

조리시연자
김찬화, 대전광역시 서구 월평동

구이

전어구이

재료

전어 3마리 • 굵은 소금 ½큰술

만드는 법

1. 전어는 비늘을 벗기고 깨끗이 씻어 물기를 제거한 후 소금을 뿌려 놓는다(칼집은 넣지 않는다).
2. 석쇠에 전어를 올려 자주 뒤집어 주면서 노릇노릇하게 굽는다.

1

1

2

조리시연자
김찬화, 대전광역시 서구 월평동

구이

더덕구이

재료

더덕 200g(대 5뿌리)

양념 고추장 2큰술 • 간장 1큰술 • 설탕 1큰술 • 다진 파 2작은술 • 다진 마늘 1작은술 • 참기름 1큰술 • 깨소금 1작은술

만드는 법

1. 더덕은 껍질을 벗기고 방망이로 두들겨 넓게 펴 놓는다.
2. 1의 더덕을 양념에 무쳐 재워 둔다.
3. 2를 석쇠에 올려 약한 불에서 타지 않게 굽는다.

출처
충청남도 농업기술원, 충남 향토음식 맛 기행, 2005

구이

붕장어구이

재료

붕장어 3마리 • 소금 1큰술

만드는 법

1. 붕장어를 손질하여 깨끗이 씻어 놓는다.
2. 숯불에 석쇠를 올려 놓고 붕장어를 얹어 소금을 뿌려 가며 굽는다.

참고사항

- 붕장어는 영양성분이 풍부한 고단백 식품으로 기운을 보할 때 먹었다.
- 양념장을 발라 구워 먹기도 한다.

정보제공자
이정숙, 충청남도 태안군 원북면 방갈리

구 이

오징어불고기

재 료

오징어 700g(2마리) • 양파 80g(½개) • 풋고추 15g(1개) • 느타리버섯 200g(10개) • 대파 35g(1뿌리)

양념 고추장 2큰술 • 고춧가루 1큰술 • 간장 1큰술 • 설탕 1큰술 • 물엿 1큰술 • 다진 마늘 1큰술 • 생강즙 1작은술 • 참기름 1작은술

만드는 법

1. 오징어는 껍질을 벗겨 안쪽에 대각선으로 어슷하게 칼집을 넣은 다음 가로 2cm, 세로 3cm 크기로 썬다.
2. 풋고추와 대파는 어슷썰고(0.3cm), 양파는 굵게 채 썰어 놓는다(5×0.3×0.3cm). 느타리버섯은 길이대로 2~4등분으로 찢어 놓는다.
3. 분량의 재료로 양념을 만든다.
4. 손질한 오징어를 양념에 버무려 4시간 정도 재워 둔다.
5. 오징어와 채소를 섞어 철판에 굽는다.

❀ 참고사항

센 불에서 재빨리 익혀야 오징어가 질겨지지 않는다.

정보제공자
한석사, 충청남도 연기군 서면 와촌1리

조림 · 지짐이

고둥간장조림

재 료

고둥 300g • 붉은 고추 30g(2개) • 풋고추 45g(3개) • 물 100mL(½컵) • 간장 3큰술 • 소금 ½작은술

만드는 법

1. 고둥은 삶아 속을 꺼내어 내장을 제거하고 살만 발라 놓는다.
2. 풋고추와 붉은 고추는 어슷하게 썰어(0.3cm) 씨를 털어 낸다.
3. 고둥살에 간장, 소금, 물을 넣고 조려 국물이 자작해지면 풋고추와 붉은 고추를 넣고 살짝 익힌다.

정보제공자
이인옥, 충청남도 보령시 남포면 월전2리

조림 · 지짐이

고추부각조림

재 료

풋고추 200g • 밀가루 55g(½컵) • 쌀가루 75g(½컵) • 통깨 1작은술 • 식용유 적량

양념 간장 3큰술 • 설탕 1작은술

소금물 물 400mL(2컵) • 식초 1큰술 • 소금 1큰술

만드는 법

1. 고추는 반으로 갈라 씨를 뺀 후 식초와 소금물에 하루 정도 담가 매운맛을 우려 낸다.
2. 1의 고추에 밀가루와 쌀가루를 묻혀 찜솥에 쪄 낸다.
3. 찐 고추를 햇볕에 말린 다음 식용유에 튀겨 낸다.
4. 간장과 설탕을 끓여 튀긴 고추를 넣고 버무린 다음 통깨를 뿌린다.

정보제공자
심춘근, 충청남도 아산시 탕정면 명암1리

조림 · 지짐이

붕어조림

재 료

붕어(18cm 정도) 3마리 • 깻잎 20g(12장) • 쑥갓 20g • 미나리 20g • 우거지 50g • 풋고추 30g(2개) • 대파 35g(1뿌리) • 검은콩 20g • 식초 1큰술

양념장 간장 3큰술 • 고추장 1큰술 • 고춧가루 1큰술 • 청주 3큰술 • 물엿 1큰술 • 다진 마늘 2큰술 • 생강즙 1큰술 • 양파즙 3큰술 • 들기름 2큰술

만드는 법

1. 붕어를 깨끗이 손질한 다음 솥에 검은콩을 깔고 붕어를 올린 후 식초를 뿌리고 3분 정도 두었다가 물을 넣고 중불에서 30분 정도 끓인다.
2. 깻잎, 쑥갓, 미나리, 우거지는 5cm 길이로 썰고, 풋고추와 대파는 어슷하게 썬다(0.3cm).
3. 냄비에 준비한 채소를 깔고 끓인 붕어를 부스러지지 않게 넣고 양념장을 얹은 다음 채소가 익을 정도로 조린다.

정보제공자
구영자, 충청남도 보령시 청라면 라원리

고문헌
조선요리제법(붕어조림), 조선무쌍신식요리제법(붕어조린)

빙어조림(도리뱅뱅이)

재 료

빙어 1kg • 물 적량

양념장 고추장 5큰술 • 간장 1큰술 • 다진 파 3큰술 • 다진 마늘 1½큰술 • 들기름 1큰술 • 식초 ½큰술

만드는 법

1. 싱싱한 빙어를 깨끗이 씻어 물기를 빼 놓는다.
2. 빙어를 냄비에 동그랗게 돌려 담고 양념장을 고루 끼얹는다.
3. 2에 물을 잠길 정도로 붓고 약한 불에서 서서히 조린다.

❋ 참고사항

충청도 지방에 정착된 음식으로 민물고기인 피라미 또는 빙어를 냄비에 동그랗게 돌려 조리한다 하여 '도리뱅뱅이' 라고도 부른다.

정보제공자
김선향, 충청남도 예산군 대흥면 상중리

건바지락볶음

재 료

건바지락 100g • 풋고추 60g(4개) • 마늘 10g(2쪽) • 소금 1작은술 • 물엿 2큰술 • 통깨 1큰술 • 식용유 2큰술

만드는 법

1. 팬에 식용유를 두르고 건바지락을 넣어 볶는다.
2. 풋고추는 깨끗이 씻어 꼭지를 따고, 마늘은 얇게 편 썬다(0.2cm).
3. 1에 풋고추와 마늘을 넣고 한 번 더 볶으면서 소금으로 간을 한다.
4. 마지막에 물엿과 통깨를 넣고 살짝 볶는다.

참고사항

- 바지락이 많이 나는 철에 바지락을 잡아서 삶아 꺼낸 바지락살을 말려 두었다가 여러 가지 조림이나 볶음요리에 이용하였다.
- 풋고추 대신 마늘종을 넣기도 한다.

정보제공자
김인남, 충청남도 서산시 대산읍 독곶2리

전 · 적

인삼고추장떡 (인삼장떡)

재 료

밀가루 220g(2컵) • 인삼 2뿌리 • 풋고추 100g(7개) • 붉은 고추 45g(3개) • 물 200mL(1컵) • 고추장 1큰술 • 소금 약간

만드는 법

1. 인삼을 깨끗이 씻어서 굵은 부분은 원형으로 얇게 썰고 뿌리는 적당한 길이로 썬다.
2. 풋고추와 붉은 고추는 씻어서 꼭지를 따고 반으로 갈라 송송 썬다.
3. 물에 고추장을 풀고 밀가루를 넣어 멍울지지 않게 고루 섞어 소금으로 간을 한다.
4. 3에 풋고추, 붉은 고추를 넣고 고루 섞는다.
5. 팬에 식용유를 두르고 4의 반죽을 한 숟가락씩 떠 넣고 동그랗게 펴서 인삼을 얹어 노릇노릇하게 지져 낸다.

1

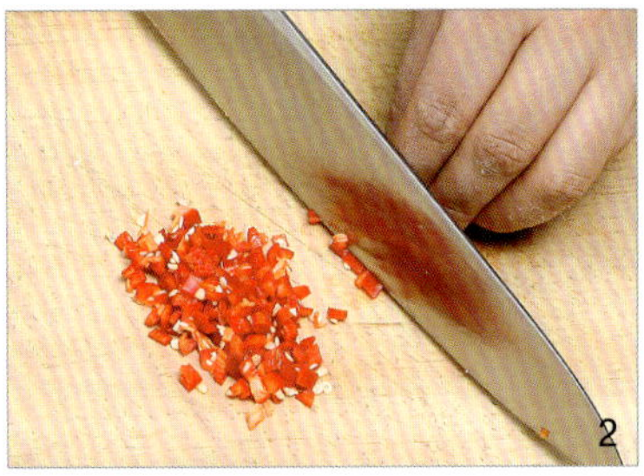
2

3

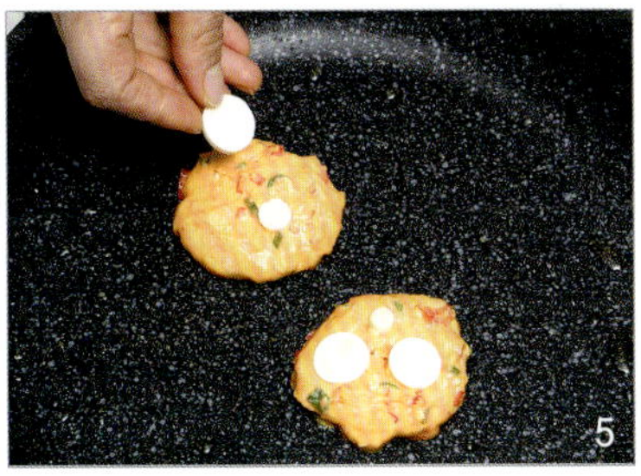
5

조리시연자
김찬화, 대전광역시 서구 월평동

호박고지적

재 료

호박고지 100g • 실파 100g • 쇠고기 200g • 찹쌀가루 100g(1컵) • 식용유 1큰술 • 물 100mL($\frac{1}{2}$컵)

쇠고기 양념 간장 1큰술 • 다진 파 2작은술 • 설탕 1큰술 • 참기름 1작은술 • 깨소금 2작은술 • 후춧가루 $\frac{1}{3}$작은술

호박고지 양념 다진 파 2작은술 • 간장 1큰술 • 참기름 1작은술 • 깨소금 2작은술

만드는 법

1. 호박고지는 되도록 굵은 것으로 골라 물에 불려서 6cm 길이로 썰어 분량의 양념으로 무친다.
2. 쇠고기는 납작하게 썰어(6×1.5×0.5cm) 분량의 양념에 무친다.
3. 실파는 6cm 길이로 썰어 참기름에 무친다.
4. 찹쌀가루는 물에 잘 풀어 놓는다.
5. 꼬치에 호박고지, 쇠고기, 실파를 차례로 뀐다. 양끝에는 호박고지를 꿰어야 모양이 예쁘다.
6. 4의 찹쌀가루물에 꼬치를 담갔다가 달군 팬에 식용유를 두르고 지져 낸다.

1

2

4

5

조리시연자
김찬화, 대전광역시 서구 월평동

전 · 적

고추장떡

재 료

밀가루 200g(1¾컵) • 돼지고기 200g • 양파 150g(1개) • 감자 300g(2개) • 달걀 50g(1개) • 고추장 2큰술 • 다진 마늘 1큰술 • 식용유 적량

만드는 법

1. 양파, 감자는 강판이나 분쇄기에 곱게 갈고 돼지고기도 곱게 다진다.
2. 밀가루에 고추장, 갈은 양파, 갈은 감자, 다진 돼지고기, 달걀, 다진 마늘을 넣고 묽게 반죽한다.
3. 달군 팬에 식용유를 두르고 한 숟가락씩 떠 넣어 지진다.

정보제공자
김수옥, 충청남도 서천군 서천읍 군사리
박순희, 충청남도 보령시 오천면 갈현리

전 · 적

나물밥전

재 료

시금치나물 50g • 숙주나물 50g • 고사리나물 50g • 콩나물무침 50g • 찬밥 630g(3공기) • 달걀 150g(3개) • 식용유 적량

만드는 법

1. 시금치나물, 숙주나물, 고사리나물 등 각종 나물을 잘게 썰어 찬밥에 비빈다.
2. 1에 달걀을 넣어 버무린 후 적당한 크기로 팬에 식용유를 두르고 지져 낸다.

참고사항
명절 끝에 각종 나물 남은 것들을 잘게 썰어 밥을 비빈 후 전을 부쳐 먹었다.

정보제공자
김명숙, 충청남도 홍성군 홍동면 화신리

전 · 적

늙은호박부침

재 료

늙은 호박 500g • 밀가루 200g • 들기름(또는 식용유) 적량 • 물 · 소금 약간

만드는 법

1. 늙은 호박은 깨끗이 씻은 다음 껍질을 벗기고 반으로 갈라 씨를 빼고 강판에 갈아 놓는다.
2. 호박과 밀가루의 양을 1 : 2의 비율로 섞고 물을 약간 넣어 소금 간하여 반죽을 만든다.
3. 팬에 식용유를 두르고 한 국자씩 떠 넣어 노릇하게 지진다.

참고사항

늙은호박전을 부쳐서 먹으면 기름으로 인해 카로틴의 흡수가 좋아져 맛도 좋고 영양섭취도 할 수 있어 일석이조다.

정보제공자
김영선, 충청남도 서산시 부석면 창리

전 · 적

돼지고기완자부침

재 료

돼지고기 200g • 밥 100g(½공기) • 밀가루 1큰술 • 설탕 ½큰술 • 식용유 적량

돼지고기 양념 다진 파 2작은술 • 다진 마늘 1작은술 • 다진 생강 ½작은술 • 참기름 1큰술 • 소금 1작은술

만드는 법

1. 곱게 다진 돼지고기에 다진 파, 다진 마늘, 다진 생강, 소금, 참기름으로 양념을 한다.
2. 양념한 돼지고기, 밥, 설탕, 밀가루를 섞은 다음 동그랗게 떼어 달군 팬에 식용유를 두르고 지져 낸다.

참고사항

완자전을 응용한 것으로 돼지고기 같은 것에 양념을 넣고 찬밥을 섞어 식용유에 지져서 간식으로 활용하였다.

정보제공자
장명연, 충청남도 아산시 방축동

전 · 적

무부침

재 료

무 400g(½개) • 밀가루 110g(1컵) • 물 70mL(⅓컵) • 소금 ½작은술 • 식용유 적량

만드는 법

1. 무는 납작하게 썰어서(2×7×0.2cm) 끓는 물에 소금을 넣고 데친다.
2. 데친 무에 밀가루를 살짝 묻힌다.
3. 밀가루에 물을 넣고 반죽을 걸쭉하게 하여 식용유를 두른 팬에 얇게 펴고 무를 나란히 놓은 후 다시 반죽을 덮어 지져 낸다.

참고사항

무는 주로 조림을 하거나 생채를 만드는데, 무부침은 무에 밀가루 반죽을 입혀 식용유에 지져 낸 것으로, 깔끔하고 부드러운 맛을 주어 노인들이 먹기에도 좋은 음식이다.

정보제공자
이복희, 충청남도 금산군 군북면 두두리

전 · 적

바지락전

재 료

바지락살 100g(½컵) • 풋고추 30g(2개) • 양파 20g • 밀가루 70g(⅓컵) • 달걀 50g(1개) • 다진 마늘 1작은술 • 소금 1작은술 • 식용유 적량

만드는 법

1. 바지락살을 굵게 다진다.
2. 양파는 다지고, 풋고추는 송송 썬다(0.2cm).
3. 1과 2에 다진 마늘을 섞고 밀가루와 달걀, 소금을 넣어 반죽한다.
4. 달군 팬에 식용유를 두르고 반죽을 숟가락으로 떠 넣어 양면을 노릇하게 지져 낸다.

보리장떡부침

재 료

보릿가루 200g • 돼지고기 100g • 양파 80g(½개) • 당근 70g(½개) • 달걀 50g(1개) • 풋고추 150g(10개) • 물 200mL(1컵) • 된장 2큰술 • 고추장 1큰술 • 식용유 적량

만드는 법

1. 달걀은 잘 푼 다음 된장, 고추장, 보릿가루, 물을 넣어 반죽한다.
2. 풋고추, 양파, 당근, 돼지고기를 잘게 다진다.
3. 1에 다진 풋고추, 양파, 당근, 돼지고기를 넣고 고루 섞는다.
4. 달군 팬에 식용유를 두르고 3의 반죽을 한 국자씩 떠 넣어 동글납작하게 지진다.

참고사항

식량이 귀한 시절에 보릿가루를 이용하여 장떡을 부쳐서 주식겸 부식으로 먹었다.

정보제공자
이상례, 충청남도 보령시 청소면 재정리

전 · 적

파래전

재 료

파래 200g • 밀가루 4큰술 • 달걀 100g(2개) • 간장 ½큰술 • 소금 1작은술 • 참기름 1작은술 • 다진 마늘 ½작은술 • 식용유 적량

초간장 간장 2큰술 • 식초 2큰술 • 물 2큰술 • 설탕 1작은술

만드는 법

1. 파래는 끓는 물에 데쳐서 찬물에 헹궈 물기를 꼭 짠 다음 잘게 썰어 간장, 소금, 참기름, 다진 마늘을 넣고 무친다.
2. 달걀은 충분히 풀어 달걀물을 만든다.
3. 1에 밀가루를 솔솔 뿌려 버무린 다음 동글납작하게 만들어 밀가루와 달걀물을 순서대로 묻힌다.
4. 달군 팬에 식용유를 두르고 3을 앞뒤로 노릇노릇하게 지진다.
5. 분량의 재료를 섞어 초간장을 만든 후 곁들인다.

전 · 적

고추산적

재 료

풋고추 140g(10개) • 붉은 고추 90g(6개) • 돼지고기 200g • 대파 35g(1뿌리) • 식용유 적량

돼지고기 양념 고추장 2큰술 • 간장 ½작은술 • 다진 파 2작은술 • 다진 마늘 1작은술 • 설탕 1큰술 • 생강즙 1작은술

만드는 법

1. 돼지고기는 0.7cm 두께로 얇게 저미고 풋고추보다 약간 길게 썬 다음 양념에 재워 둔다.
2. 풋고추와 붉은 고추는 꼭지를 떼어 내고 반으로 갈라 씨를 털어 낸 후 끓는 물에 살짝 데친다.
3. 대파는 깨끗이 씻어 반으로 갈라 고추와 같은 크기로 썬다.
4. 꼬치에 풋고추, 붉은 고추, 대파, 돼지고기를 차례로 끼우는데, 돼지고기가 양 끝에 오도록 끼워야 재료가 빠지지 않는다.
5. 달군 팬에 식용유를 두르고 4의 꼬치에 남은 양념을 발라가며 구워 낸다.

출 처
청양군농업기술센터, 청양의 맛, 2000

꽃게찜

재 료

꽃게 1kg(4마리) • 된장 1큰술 • 물 적량

고추냉이 간장 간장 4큰술 • 고추냉이가루 · 물 약간

만드는 법

1. 4~5월 사이에 잡힌 꽃게를 솔로 깨끗이 문질러 흐르는 물에 깨끗하게 씻는다.
2. 솥에 물을 부어 된장을 풀고 꽃게의 배 부분이 위쪽으로 보이도록 놓고 찐다.
3. 고추냉이가루는 물에 개어 놓은 다음 간장에 넣어 고추냉이 간장을 만든다.
4. 고추냉이 간장과 함께 낸다.

출 처
농촌진흥청, 향토음식, www2.rda.go.kr/food, 2006

조리시연자
김찬화, 대전광역시 서구 월평동

서대찜 (박대찜)

재 료

말린 서대 100g • 대파 10g(¼뿌리) • 참기름 1큰술 • 실고추 적량

만드는 법

1. 소금을 뿌려 말린 서대를 물로 씻은 후 마른 면포로 물기를 닦는다.
2. 서대에 솔로 참기름을 바른다.
3. 2의 서대를 찜솥에 넣고 김이 오를 때까지 찐다.
4. 김이 오르면 잘게 썬 대파와 실고추를 서대 위에 올리고 뚜껑을 덮어 한김 오르면 불을 끈다.

참고사항

- 박대란 서대를 충청도에서 일컫는 말로 모양은 나뭇잎처럼 납작하고 신발바닥처럼 생겼다. 살이 담백하여 음식에 다양하게 쓰이고 소금에 절여 가자미처럼 꾸덕꾸덕하게 말려서 이용한다.
- 서대는 서천 지역에서 많이 먹는 생선으로 껍질을 벗겨 말린 것을 쪄 먹거나 기름을 약간 두르고 구워 먹기도 한다.

1

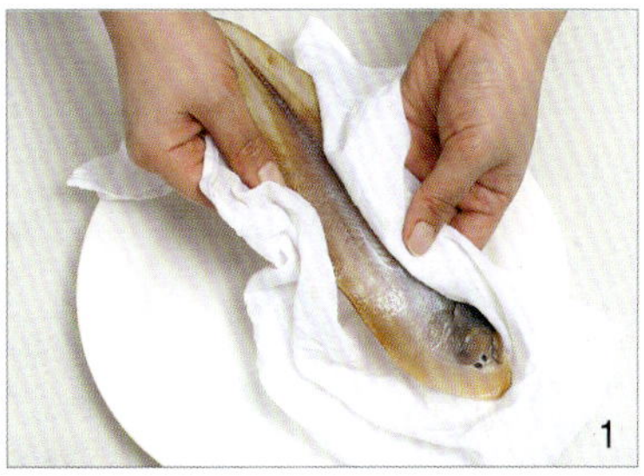

1

2

3

정보제공자
장복수, 충청남도 서천군 기산면 두북리

조리시연자
김찬화, 대전광역시 서구 월평동

붕어찜

▍방법 1 ▍

재 료

붕어(20~30cm) 4마리 • 쇠고기 100g • 콩나물 100g • 무 100g • 감자 50g(⅓개) • 우거지김치 100g • 인삼 2뿌리 • 양파 60g(⅓개) • 깻잎 30g(20장) • 쑥갓 30g • 흰콩 30g • 밤(깐 것) 30g(3개) • 대추 20g(10개) • 사골육수 200mL(1컵) • 청주 · 소주 · 식초 적량

쇠고기 양념 간장 · 다진 파 · 다진 마늘 · 설탕 · 깨소금 · 참기름 · 후춧가루 약간

양념장 다진 파 1큰술 • 다진 마늘 1큰술 • 들기름 1큰술 • 참기름 1큰술 • 고추기름 1큰술 • 식용유 1큰술 • 산초가루 ½작은술 • 고춧가루 2큰술 • 식초 1큰술 • 후춧가루 ½작은술

만드는 법

1. 붕어는 비늘과 내장을 제거하고 깨끗이 씻는다.
2. 식초, 청주, 소주를 1 : 2 : 1 비율로 혼합한 후 붕어를 5~10분 정도 담가 뼈를 연하게 한다.
3. 무, 감자는 납작하게 썬다(4×3×0.7cm).
4. 인삼, 양파, 깻잎, 쑥갓, 밤은 적당한 크기로 썬다.
5. 콩나물은 머리와 뿌리를 다듬어 깨끗이 씻고, 흰콩과 대추도 씻어 놓는다.
6. 쇠고기는 양념을 하여 붕어 배 속에 채운다.
7. 넓은 전골냄비에 무, 감자, 우거지김치를 깔고 붕어와 4, 5의 재료를 담은 후 양념장을 반 정도 위에 얹고 사골육수를 부어 1시간 정도 푹 끓인다.
8. 끓이는 도중에 남은 양념장을 끼얹으면서 끓인다.

방법 2

재료

붕어 1kg • 양파 80g(½개) • 대파 35g(1뿌리)

양념장 고추장 1큰술 • 고춧가루 1큰술 • 간장 1큰술 • 다진 마늘 2작은술 • 들기름 1큰술 • 들깻가루 1큰술 • 식초 1작은술 • 물엿 1큰술 • 생강즙 1작은술 • 물 200mL(1컵)

만드는 법

1. 붕어는 비늘, 내장을 제거하고 깨끗이 씻는다.
2. 양파와 대파는 적당한 크기로 썬다.
3. 냄비에 손질한 붕어와 양파, 대파를 넣고 분량의 재료로 양념장을 만들어 끼얹는다.
4. 3을 센 불에서 끓여 한소끔 끓어오르면 약한 불로 줄여 국물이 자작하게 줄 때까지 끓인다.

출처

충청남도 농업기술원, 충남 향토음식 맛 기행, 2005
농촌진흥청, 향토음식, www2.rda.go.kr/food, 2006

고문헌

식료찬요(붕어찜), 음식디미방(붕어찜), 주방문(붕어찜), 규합총서(붕어찜), 시의전서(부어찜 : 鮒魚찜), 부인필지(붕어찜), 조선요리제법(붕어찜), 조선무쌍신식요리제법(붕어찜)

주식류 부식류 떡류 과정류 음청류 주류

찜 · 선

참붕어찜

재 료

참붕어 2마리 • 무 200g(¼개) • 시래기 200g • 생콩가루 30g • 깻잎 30g(15장) • 쑥갓 30g • 미나리 30g

양념장 간장 1컵 • 물엿 3큰술 • 청주 3큰술 • 설탕 2큰술 • 매운 고추 15g(1개) • 다진 파 2큰술 • 다진 마늘 1큰술 • 다진 생강 ½큰술 • 물 200mL(1컵)

만드는 법

1. 참붕어는 손질한 다음 어슷하게 칼집을 넣는다.
2. 무는 납작하게 썰고(4×3×0.5cm), 깻잎, 쑥갓, 미나리는 적당한 길이로 썬다.
3. 매운 고추는 다져 분량의 재료와 섞어 양념장을 만든다.
4. 두꺼운 냄비에 무와 시래기를 깔고 붕어를 놓아 양념장을 고루 끼얹은 다음 물을 자작하게 부어 끓인다.
5. 붕어가 어느 정도 익으면 생콩가루를 뿌리고 나머지 채소를 넣은 후 한소끔 더 끓인다.

참고사항

천렵이 한창인 늦봄에서 초여름에 냇가나 강에서 가장 흔히 잡히는 것이 붕어이며, 이를 부어 또는 즉어라고도 한다. 옛 조리서에는 붕어구이와 붕어찜 조리법이 많이 나오는데, 『시의전서』에 나오는 붕어찜 조리 방법을 살펴보면 '큰 붕어의 비늘을 긁고 칼로 등마루를 째서 속을 내 버리고 어만두 소처럼 만들어 배 속에 넣고 좋은 초 두 술을 붓는다. 고기 입 가운데 조그만 백반 조각을 넣는다. 생선을 잘라 구멍 난 데에 녹말을 묻히고 실로 동여매어 노구에 물을 조금 붓고 기름장에 뭉근한 불로 끓이되 밀가루와 달걀을 풀어 넣는다' 고 하였다.

출 처
충청남도 농업기술원, 충남 향토음식 맛 기행, 2005

정보제공자
김순예, 충청남도 논산시 가야곡면 육곡리
최애순, 충청남도 서천군 마서면 남전리

가오리찜(갱개미찜)

재 료

가오리(갱개미) 1kg(1마리) • 실고추 약간

양념 실파 50g • 다진 마늘 1큰술 • 참기름 1큰술 • 소금 1큰술

만드는 법

1. 가오리를 깨끗하게 손질하여 하루 정도 말려서 길이 5cm, 너비 2cm 크기로 썬다.
2. 가오리를 송송 썬 실파, 다진 마늘, 참기름, 소금으로 양념한다.
3. 양념한 가오리를 찜솥에 넣고 찐 후 실고추를 얹어서 낸다.

참고사항

서해안에서 즐겨 먹는 가오리(갱개미)는 홍어와 비슷하며, 회로도 먹고 찜으로도 애용되는 음식이다.

정보제공자
김인자, 충청남도 태안군 근흥면 용신리

찜 · 선

상어찜

재 료

상어 600g • 소금 ½큰술 • 청주 2큰술 • 간장 6큰술 • 물 6큰술 • 참기름 약간

만드는 법

1. 상어는 껍질을 벗기고 토막 내어 두께 1cm가 되도록 반듯하게 썰고 소금으로 간하여 채반에 널어 하루 정도 말린다.
2. 말린 상어를 꼬치에 꿰어 청주를 뿌리고 찜솥에 김이 오르면 넣고 살짝 찐다.
3. 냄비에 간장과 물을 넣고 끓기 시작하면 불을 낮추어 2의 상어 꼬치를 넣고 국물이 졸아들 때까지 약한 불에서 끓인 후 참기름을 넣고 고루 섞는다.

참고사항

상어 껍질을 벗길 때에는 끓는 물을 끼얹고 솔로 문지르면 쉽게 벗겨진다. 충청도 일부 지방에서는 제사상에 올리는 음식이다.

찜 · 선

돼지족찜

재 료

돼지족 1개 • 대파 35g(1뿌리) • 양파 80g(½개) • 붉은 고추 45g(3개) • 쪽파 20g • 마늘 30g(1통) • 생강 20g(5쪽) • 된장 1큰술 • 물엿 1큰술 • 물 · 깨소금 적량

양념 간장 5큰술 • 다진 마늘 · 다진 파 적량 • 설탕 1큰술 • 들기름 1큰술

만드는 법

1. 돼지족을 깨끗이 손질하여 된장을 약간 푼 물에 돼지족과 대파, 양파, 생강, 마늘을 넣고 대파가 푹 무를 정도로 삶아 건져 찬물에 씻어 낸다.
2. 1의 돼지족에 양념을 하여 물을 붓고 푹 끓여 국물이 졸아들면 곱게 채 썬 고추와 쪽파를 넣고 고루 섞은 다음 넓은 쟁반에 펼쳐 놓고, 깨소금을 뿌려 굳힌다.

정보제공자
강희경, 충청남도 논산시 연산면 백석3리
임은숙, 충청남도 금산군 금산읍 하옥리
조정희, 충청남도 부여군 장암면

찜 · 선

솔잎닭찜

재료

토종닭 1kg(1마리) • 대추 50g • 인삼 2뿌리 • 연밥 20g • 마늘 30g(1통) • 생강 20g(5쪽) • 구기자 30g • 밤(깐 것) 30g(3개) • 황기 50g • 감초 10g • 솔잎 100g

만드는 법

1. 토종닭은 깨끗이 씻어 핏물을 뺀 후 배를 갈라 내장을 제거한다.
2. 닭의 배 속에 대추, 인삼, 연밥, 마늘, 생강, 구기자, 밤, 황기, 감초를 보기 좋게 담고 내용물이 쏟아지지 않게 무명실로 꿰매어 놓는다.
3. 찜솥 바닥에 솔잎을 깔고 2의 토종닭을 올려 찐다.

참고사항

닭의 느끼한 맛을 없애고 솔잎의 은은한 향을 가미해서 만든 요리이다.

정보제공자
최연분, 충청남도 보령시 주교면 신대리

찜 · 선

인삼닭찜

재료

닭 1.3kg(1마리) • 인삼 5뿌리 • 감자 300g(2개) • 천궁 3개 • 대파 35g(1뿌리) • 부추 50g • 물 1L(5컵)

양념 고추장 1큰술 • 고춧가루 1큰술 • 다진 마늘 1큰술 • 간장 1큰술 • 설탕 ½큰술 • 소금 약간

만드는 법

1. 닭은 5cm 정도 길이로 토막 내어 끓는 물에 데친다.
2. 감자는 껍질을 벗겨 4등분하고, 대파는 어슷썰고(0.3cm), 부추는 5cm 길이로 썬다.
3. 데친 닭에 물, 인삼과 천궁을 넣고 끓인 다음 감자와 대파, 양념을 넣어 센 불에서 끓이다가 한소끔 끓어오르면 약한 불로 줄여 국물이 걸쭉하게 될 때까지 끓인 다음 마지막에 부추를 넣어 살짝 익힌다.

정보제공자
이복희, 충청남도 금산군 군북면 두두리

쏙찜(설게찜)

재 료

쏙(설게) 500g • 풋고추 30g(2개) • 붉은 고추 30g(2개) • 풋마늘 1뿌리 • 밀가루 적량

양념 간장 3큰술 • 고춧가루 3큰술 • 설탕 1큰술 • 다진 마늘 1큰술 • 다진 생강 ½큰술

만드는 법

1. 쏙은 깨끗이 씻어 옆 부분의 가시를 가위로 잘라 정리하고 2등분한다.
2. 풋고추와 풋마늘은 어슷썬다.
3. 분량의 재료로 양념을 만들어 쏙을 넣고 버무린다.
4. 양념이 밴 쏙의 몸에 밀가루를 살살 뿌린 후 찜솥에 넣고 한소끔 찐 다음 고추와 풋마늘잎을 올려 뜸을 들인다.

✻ 참고사항

서해안의 갯벌에 사는 쏙(설게)은 바닷가재처럼 생겼으나 껍질이 연하고 특유의 향이 있어 주로 익혀 먹거나 찜을 해서 먹었으며 입맛을 돋우는 역할을 했다.

정보제공자
정경자, 충청남도 서산시 부석면 마룡리

찜 · 선

홍어어시육

재료

홍어 1마리 • 마늘 20g(5쪽) • 대파 50g(1½뿌리) • 실고추 약간

양념장 간장 4큰술 • 다진 파 2큰술 • 다진 마늘 1큰술 • 설탕 ½큰술 • 깨소금 1큰술 • 후춧가루 약간

초고추장 고추장 2큰술 • 설탕 1큰술 • 식초 2큰술

만드는 법

1. 홍어는 작은 것으로 골라 목의 뼈 부분에 칼집을 내어 검은 껍질을 벗기고 내장을 뺀 다음 깨끗이 씻어 물기를 닦아 낸 후 길이 5cm, 너비 5cm 정도의 크기로 토막 낸다.
2. 대파, 마늘은 곱게 채 썰고(3×0.2×0.2cm), 실고추는 3cm 길이로 자른다.
3. 짚은 깨끗한 것으로 골라 씻어 물기를 없앤 후 10cm 정도 길이로 썬다.
4. 찜통에 짚을 한 켜 깔고 홍어 토막을 가지런히 얹은 다음 채 썬 파, 마늘, 실고추를 고루 뿌리고 그 위를 짚으로 다시 덮어 센 불에서 15분 정도 찐다.
5. 채반에 꺼내어 식힌 후 양념장이나 초고추장을 곁들인다.

회

능쟁이게무침

재 료

능쟁이 1kg • 대파 35g(1뿌리) • 액젓 ¼컵 • 간장 ¼컵 • 고춧가루 3큰술 • 깨소금 1큰술 • 마늘 20g (5쪽) • 식초 2큰술

만드는 법

1. 능쟁이는 소금물로 해감을 빼 딱지를 떼고, 집게발은 날카로운 부분을 떼어 내어 2등분한다.
2. 1에 액젓, 간장, 다진 마늘, 고춧가루, 깨소금을 넣고 버무린 다음 마지막에 다진 파와 식초를 넣고 버무린다.

1

1

2

2

✽ 참고사항

해안의 갯벌에서 많이 나는 능쟁이는 예로부터 무침, 간장절임, 지짐이, 튀김, 김치의 재료 등 다양하게 음식에 이용되어 왔다.

정보제공자
신갑열, 충청남도 태안군 소원면 시목리
유계자, 충청남도 서산시 인지면 모월리

조리시연자
김찬화, 대전광역시 서구 월평동

회

뱅어회 (실치회)

재 료

뱅어 200g • 당근 70g(½개) • 양파 80g(½개) • 오이 70g(½개) • 미나리 50g • 쑥갓 50g • 대파 10g (¼뿌리) • 깻잎 15g(10장) • 붉은 고추 15g(1개) • 풋고추 15g(1개) • 깨소금 · 소금 약간

양념 고추장 2큰술 • 다진 파 1큰술 • 다진 마늘 1큰술 • 식초 1큰술 • 설탕 1큰술

만드는 법

1. 당근, 오이, 양파는 가늘게 채 썬다(5×0.2×0.2cm).
2. 붉은 고추, 풋고추, 대파는 어슷하게 썰고(0.3cm), 고추는 씻어 씨를 뺀다.
3. 미나리, 쑥갓은 다듬어 5cm 길이로 썰고, 깻잎은 돌돌 말아 1cm 너비로 썬다.
4. 뱅어는 소금물에 넣고 휘저으면서 2번 씻는다.
5. 분량의 재료를 섞어 양념을 만든다.
6. 채소에 먼저 양념을 넣어 버무린 다음 뱅어를 넣어 살짝 버무린다.

3

4

5

6

❋ 참고사항

뱅어는 멸치와 마찬가지로 칼슘이 풍부하고 손쉽게 조리할 수 있으며, 매콤하면서 맛도 고소하다.

정보제공자
박현옥, 충청남도 태안군 안면읍 창기리

조리시연자
김찬화, 대전광역시 서구 월평동

회

위어회 (우어회)

재 료

위어 10마리 • 미나리 200g • 막걸리 400mL(2컵) • 통깨 1작은술

양념 고추장 2큰술 • 고춧가루 2큰술 • 다진 마늘 1큰술 • 식초 1큰술 • 설탕 1큰술

만드는 법

1. 위어는 비늘을 긁어 내고 머리와 내장을 제거한 다음 깨끗이 씻어 물기를 뺀 후 지느러미를 잘라 내고 등을 위쪽으로 놓고 어슷하게 썬다(0.3cm).
2. 1의 위어를 막걸리에 담가 놓는다.
3. 미나리는 줄기만 5cm 정도 길이로 썬다.
4. 고추장에 고춧가루, 다진 마늘, 식초, 설탕을 고루 섞어 양념을 만든다.
5. 미나리를 먼저 양념에 버무린 다음 위어, 통깨를 넣고 살짝 무친다.

1

2

3

5

참고사항

- 일제시대 말기 강경포구에서 위어가 잡히기 시작하면서부터 위어를 이용해 음식을 해먹었다.
- 위어를 '웅어' 또는 '의어'라고 부르는데, '의어'라고 부르는 데는 백제의 역사와 관련이 있다. 백제가 망할 때 소정방이 당시 의자왕이 즐겨 먹던 위어회를 찾았으나, 평소 백마강에 많던 위어가 모두 사라져 의로움을 지켰다고 하여 '의어'라고도 부른다.

정보제공자
이열순, 충청남도 부여군 양화면 입포리
임기순, 충청남도 논산시 세도면 간대리
차은아, 충청남도 서천군 화양면
하은하, 충청남도 서천군 서천읍

조리시연자
김찬화, 대전광역시 서구 월평동

회

전어회(우여회, 전어회무침)

재 료

전어 10마리 • 오이 150g(1개) • 당근 50g(1/3개) • 양파 80g(1/2개) • 깻잎 15g(10장) • 붉은 고추 15g (1개) • 풋고추 15g(1개)

양념 고춧가루 3큰술 • 고추장 2큰술 • 다진 마늘 1큰술 • 생강즙 1작은술 • 식초 3큰술 • 물엿 3큰술 • 소금 약간 • 통깨 1큰술

만드는 법

1. 양파와 당근은 채 썰고(5×0.3×0.3cm), 오이는 길이로 2등분하여 0.3cm 두께로 어슷하게 썬다.
2. 풋고추, 붉은 고추는 어슷하게 썰어 씨를 털어 내고, 깻잎은 2cm 너비로 길게 썬다.
3. 전어는 비늘을 벗기고, 머리와 내장을 제거하여 핏물을 빼고 깨끗이 씻는다. 물기를 닦고 지느러미를 제거하여 0.5~0.8cm 정도로 등을 위쪽으로 놓고 썬다.
4. 분량의 양념을 잘 섞어 양념을 만든다.
5. 준비한 채소에 양념을 넣고 가볍게 버무리다가 전어와 통깨를 넣고 한 번 더 무친다.

1, 2

3

5

5

출 처
충청남도 농업기술원, 충남 향토음식 맛 기행, 2005

조리시연자
김찬화, 대전광역시 서구 월평동

정보제공자
하은하, 충청남도 서천군 서천읍 신송리

주꾸미무침

재 료

주꾸미 10마리 • 양파 160g(1개) • 미나리 50g • 오이 70g(½개) • 당근 50g(⅓개) • 붉은 고추 15g(1개) • 풋고추 15g(1개) • 소금 · 통깨 약간

양념 고추장 2큰술 • 식초 2큰술 • 설탕 1큰술 • 다진 마늘 1작은술

만드는 법

1. 주꾸미는 연한 소금물에 잠시 담근 후 머리를 뒤집어 먹통을 떼어 내고, 훑으면서 씻는다. 손질한 주꾸미를 다시 씻어 깨끗이 헹군다. 이때 너무 빡빡 문질러 씻지 않는다.
2. 끓는 물에 소금을 넣고 주꾸미를 하나씩 살짝 데친 다음 적당한 크기로 썬다.
3. 양파는 0.2cm 너비로 가늘게 채 썰고, 오이는 길게 반으로 갈라 어슷하게 썬다(0.3cm). 당근은 직사각형으로 썰고(5×1×0.3cm), 미나리는 5cm 길이로 썬다. 풋고추와 붉은 고추는 0.3cm 두께로 어슷썰어 씨를 털어 낸다.
4. 고추장에 식초, 설탕, 다진 마늘을 넣고 고루 섞어 양념을 만든다.
5. 3의 채소에 양념을 넣어 고루 버무리다가 주꾸미를 넣고 살짝 버무린 다음 통깨를 넣는다.

1

2

3

5

출 처
충청남도 농업기술원, 충남 향토음식 맛 기행, 2005

조리시연자
김찬화, 대전광역시 서구 월평동

회

주꾸미회

재 료

주꾸미 6마리 • 굵은 소금 약간

초고추장 고추장 1큰술 • 다진 파 1작은술 • 다진 마늘 1작은술 • 식초 1큰술 • 설탕 1큰술 • 통깨 약간

만드는 법

1. 주꾸미의 머리를 뒤집어서 먹통을 떼어 낸다.
2. 굵은 소금으로 주물러 주꾸미 빨판 속의 뻘과 이물질을 제거한다. 너무 많이 헹구면 주꾸미의 본 맛을 잃으므로 두세 번 정도 헹구어 낸다.
3. 끓는 물에 1의 주꾸미를 넣어 재빨리 데쳐 낸다.
4. 분량의 재료로 초고추장을 만들어 곁들인다.

1

2

3

4

출 처

농촌진흥청, 향토음식, www2.rda.go.kr/food, 2006

조리시연자

김찬화, 대전광역시 서구 월평동

가오리회

재 료

가오리 1마리 • 미나리 100g • 무 50g • 오이 140g(1개) • 붉은 고추 15g(1개) • 막걸리 200mL(1컵) • 소금 약간

양념 고추장 2큰술 • 고춧가루 2큰술 • 다진 파 2큰술 • 다진 마늘 1큰술 • 다진 생강 1작은술 • 설탕 3큰술 • 깨소금 2큰술

만드는 법

1. 가오리는 내장을 제거한 후 씻어서 얇게 저며 썬 다음 막걸리를 넣고 주물러 점액질을 제거하고 깨끗한 물로 씻어서 마른 면포로 닦아 물기를 제거해 둔다.
2. 무는 가늘게 채 썰고(5×0.2×0.2cm), 오이는 반달썰기 하여(0.4~0.5cm) 소금에 절여 물기를 짜 둔다.
3. 미나리는 5cm 길이로 썰고, 붉은 고추는 어슷썬다.
4. 무와 오이는 고춧가루로 먼저 색을 들이고 가오리에 나머지 양념을 넣어 버무린 후 미나리를 넣고 무친다.

참고사항

홍어는 값이 비싸서 가오리를 대용으로 회를 떠서 먹었는데, 크기가 작을수록 뼈가 연하다. 가오리 회는 보통 경조사에 많이 쓰인다.

정보제공자
이혜원, 충청남도 보령시 오천면 교성리

고시락무침

재 료

고시락 100g • 굴(또는 조갯살) 30g • 소금 · 물 적량

양념 된장 1큰술 • 다진 파 2큰술 • 다진 마늘 1큰술

만드는 법

1. 고시락은 깨끗이 씻어 체에 밭쳐 물기를 뺀 다음 끓는 소금물에 데쳐서 찬물에 헹궈 놓는다.
2. 굴은 소금물에 씻어 물기를 뺀다.
3. 굴을 냄비에 넣고 물을 약간 둘러 익힌다.
4. 굴이 익으면 건져 놓고 굴 삶은 물에 양념과 고시락을 넣어 무친다.
5. 마지막으로 익힌 굴을 넣고 물기 있게 살살 버무린다.

참고사항

- 고시락은 바다풀로 조수의 간만차가 많은 지역의 갯벌에 나는 식물이다. 말이나 미역처럼 무쳐서 먹었다.
- 주로 알이 밴 굴(5월 이후)은 맛이 아리므로 이처럼 굴을 익혀서 활용하였다. 산란기의 굴은 독이 있어 현재는 먹지 않지만 옛날에는 식품이 귀해서 음식으로 이용하였다.

정보제공자
박정숙, 충청남도 서산시 음암면 도당4리

꽃게무침

재 료

꽃게 1kg(4마리) • 양파 80g(½개) • 부추 50g • 쪽파 30g • 소금 1큰술

양념 고춧가루 5큰술 • 꿀 2큰술 • 멸치액젓(또는 까나리액젓) 2큰술 • 다진 마늘 1큰술

만드는 법

1. 꽃게는 손질하여 적당한 크기로 잘라 소금을 뿌려 절인다.
2. 꽃게를 절일 때 생긴 국물과 멸치액젓, 고춧가루, 꿀, 다진 마늘을 함께 섞어 양념을 만들어 1의 꽃게를 넣어 버무린다.
3. 양파는 채 썰고, 부추는 5cm 길이로 썰어 2의 꽃게와 함께 무친다.

참고사항

서해안에서 많이 나는 꽃게는 예로부터 무침, 간장절임으로 요리에 이용하였다.

정보제공자
김춘희, 충청남도 태안군 태안읍 장산리
박명옥, 충청남도 서산시 성연면 명천2리
배미영, 충청남도 당진군 당진읍
이경순, 충청남도 서천군 판교면
장복수, 충청남도 서천군 기산면 두북리
장현영, 충청남도 태안군 태안읍 동문리

회

동치미굴회

재 료

동치미 무 300g • 동치미국물 400mL(2컵) • 굴 200g(1컵) • 배 150g(½개) • 고춧가루 2큰술 • 깨소금 1큰술 • 소금 약간

소금물 소금 1작은술 • 물 200mL(1컵)

만드는 법

1. 굴은 소금물에 깨끗이 씻어 소쿠리에 건진다.
2. 동치미 무와 배는 직사각형으로 썰어 놓는다(5×1×0.5cm).
3. 동치미국물에 썰어 놓은 무와 배를 넣고 소금으로 간을 맞춰 차게 둔다.
4. 굴에 고춧가루, 깨소금을 넣어 버무린 다음 3의 차가운 동치미국물을 붓는다.

참고사항

- 동치미국물은 기호에 따라 설탕과 식초를 넣기도 하며, 굴은 상에 내기 직전에 넣어야 한다.
- 서해안 지역에서 나오는 굴은 늦가을부터 겨울철이 제 맛인데, 동치미국물 대신 김장김칫국물을 사용하기도 하며 봄, 가을에는 열무김칫국물을 사용하기도 한다. 술안주, 반찬, 간식으로 다양하게 활용되었다.

정보제공자
조한수, 충청남도 서산시 잠홍2동

바지락회

재 료

바지락살(조갯살) 400g(2컵) • 식초 1큰술 • 설탕 1큰술 • 소금 1큰술

양념 고춧가루 2큰술 • 다진 파 2큰술 • 다진 마늘 1큰술 • 다진 생강 1작은술

만드는 법

1. 바지락살은 소금물에 깨끗이 씻어 놓고 소쿠리에 건져 물기를 뺀다.
2. 바지락살을 식초와 설탕을 섞은 물에 넣고 버무려 10분쯤 지난 후에 소쿠리에 건져 식초물을 뺀다.
3. 분량의 재료를 섞어 양념을 만들어 놓는다.
4. 식초에 절인 바지락살을 양념에 살살 버무린다.

참고사항

바닷가 마을을 중심으로 주로 늦가을에서부터 이른 봄까지 만들어 먹었다. 바지락은 싱싱할 때 껍질을 까서 먹으면 비린내도 없으면서 담백한 맛이 난다. 또한 잔치음식으로 한치회나 오징어회처럼 널리 먹는 음식이다.

정보제공자
최옥선, 충청남도 서산시 지곡면 산성리

회

소라회무침

재료

소라 400g(10개) • 오이 150g(1개) • 당근 80g(½개) • 양파 150g(1개) • 풋고추 30g(2개) • 붉은 고추 30g(2개)

양념 고추장 1큰술 • 고춧가루 2큰술 • 식초 3큰술 • 설탕 1큰술 • 다진 마늘 1큰술 • 통깨 1큰술 • 소금 약간

만드는 법

1. 소라에 물을 붓고 소금을 넣어 삶은 다음 살을 꺼내어 적당한 크기로 썬다.
2. 오이, 당근, 양파는 채 썰고(5×0.2×0.2cm), 풋고추와 붉은 고추는 어슷하게 썬다.
3. 소라와 채소에 양념을 넣고 버무려 소금으로 간을 한다.

참고사항

소라에 여러 가지 채소를 넣고 날로 무쳐 반찬으로도 먹었지만 익혀서 경조사에도 활용하였다.

정보제공자
이인옥, 충청남도 보령시 남포면 월전2리

회

톳무침

재료

톳 200g • 풋고추 15g(1개) • 붉은 고추 15g(1개)

양념 고추장 3큰술 • 설탕 2작은술 • 다진 마늘 1큰술 • 식초 1큰술 • 통깨 1큰술

만드는 법

1. 톳은 살짝 데쳐서 물기를 꼭 짜고, 붉은 고추와 풋고추는 채 썬다(5×0.2×0.2cm).
2. 톳과 풋고추, 붉은 고추, 양념을 모두 넣고 잘 버무린다.

정보제공자
최연분, 충청남도 보령시 주교면 신대리

마른반찬

고추부각

재 료

풋고추 300g • 밀가루 80g(⅔컵) • 소금 ½작은술 • 식용유 적량

만드는 법

1. 고추는 꼭지를 따 반으로 썰고, 매운 고추는 물에 담가 매운 기를 뺀 다음 사용한다.
2. 밀가루에 소금을 섞고 씻어 놓은 고추를 골고루 무친다.
3. 2의 고추를 찜통에 쪄서 바싹 말린다.
4. 먹을 때 말린 고추를 끓는 식용유에 튀긴다.

마른반찬

붕어강정

재 료

참붕어 3마리 • 식용유 적량

강정 양념 고추장 3큰술 • 고춧가루 1큰술 • 마른 고추 3개 • 물엿 3큰술 • 다진 파 1큰술 • 다진 마늘 1큰술 • 다진 생강 ½큰술 • 통깨 1작은술

만드는 법

1. 참붕어는 비늘과 내장을 제거하고 깨끗이 씻어 놓는다.
2. 손질한 붕어를 끓는 식용유에 넣어 튀긴 후 다시 한번 튀겨 낸다.
3. 마른 고추를 잘게 다져 나머지 양념에 섞어 강정 양념을 만든다.
4. 튀긴 참붕어에 강정 양념을 무친다.

출 처

충청남도 농업기술원, 충남 향토음식 맛 기행, 2005

마른반찬

호두고추장무침

재 료

호두 300g(3¾컵) • 참기름 1큰술

양념 고추장 5큰술 • 꿀 1½큰술 • 설탕 1큰술 • 통깨 1작은술

만드는 법

1. 호두의 겉껍질을 벗겨 달군 팬에 넣어 노릇노릇하게 볶아 내어 뜨거울 때 속껍질을 문질러 벗긴다.
2. 고추장에 꿀, 설탕, 통깨를 섞어 양념을 만든다.
3. 깐 호두에 양념을 넣어 무친 다음 참기름을 넣어 살짝 버무린다.

정보제공자
김금순, 충청남도 천안시 광덕면

병천순대

재 료

선지 600g • 돼지창자 300g • 당면 150g • 양배추 100g • 양파 450g(3개) • 다진 파 2컵 • 다진 마늘 ½컵 • 다진 생강 ⅓컵 • 소금 2큰술 • 물 적량

만드는 법

1. 돼지창자는 뒤집어서 소금과 밀가루를 이용하여 미끈거리지 않게 깨끗하게 씻은 다음 다시 뒤집어 놓는다.
2. 당면은 더운 물에 불려 2~3cm 길이로 썰고, 양파와 양배추는 곱게 채 썬다(3×0.2×0.2cm).
3. 선지에 2를 넣고, 다진 파, 다진 마늘, 다진 생강, 소금을 넣어 간이 고루 배도록 잠시 둔다.
4. 돼지창자의 한쪽 끝을 실로 묶고 다른 한쪽 끝에는 깔때기를 끼운 다음 3을 채워 창자 속의 공기를 뺀 후 끝을 실로 묶어서 삶는다.

출 처
농촌진흥청, 향토음식, www2.rda.go.kr/food, 2006

묵 · 두부

박대묵

재 료

박대 껍질 200g • 쌀뜨물 1L(5컵) • 소금 1작은술 • 생강즙 1큰술 • 물 적량

양념장 간장 · 깨소금 · 다진 파 · 다진 마늘 · 참기름 적량

초고추장 고추장 · 식초 적량

만드는 법

1. 쌀뜨물에 말린 박대 껍질을 담아 불린다.
2. 부드럽게 불린 박대 껍질을 비늘이 벗겨지도록 빡빡 문지르면서 검은 막을 손질한 다음 깨끗한 물로 여러 번 헹군다.
3. 2를 꼭 짜서 솥에 물을 넣고 끓이다가 생강즙과 소금을 넣는다.
4. 3의 국물을 체에 면포를 씌워 거른다.
5. 거른 국물을 솥에 넣고 소금 간을 맞춰 끓이는데, 국물을 찬물에 떨어뜨려 보아 동그란 모양이 생기면 묵이 완성되는 시점이다.
6. 5를 그릇에 부어 굳힌다.
7. 네모지게 썬 묵과 함께 양념장, 초고추장을 곁들인다.

2

3

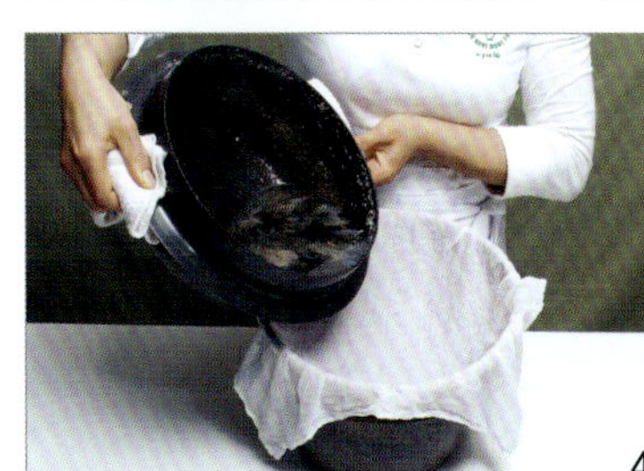

4

5

❁ 참고사항

생선 껍질에 함유된 콜라겐을 이용한 음식으로 질감이 야들야들하면서 쫀득하고 개운하다. 여름철 상온에서는 녹아내리기 때문에 늦가을부터 초봄까지 동절기에 만든다.

출 처
충청남도 농업기술원, 충남 향토음식 맛 기행, 2005

조리시연자
김찬화, 대전광역시 서구 월평동

묵 · 두부

밤묵

재료

밤 3kg • 물 적량

양념장 간장 · 깨소금 · 다진 파 · 다진 마늘 · 참기름 적량

만드는 법

1. 밤은 겉껍질과 속껍질을 벗겨 낸 다음 맷돌이나 분쇄기에 갈아 고운체에 거른다.
2. 1의 가라앉은 앙금(전분)을 저어 가며 약한 불에서 끓인 후 그릇에 면포를 깔고 부어 굳힌다.
3. 적당한 크기로 썰어 양념장을 곁들인다.

출처
농촌진흥청 농촌영양개선연수원(현 농촌자원개발연구소), 한국의 향토음식, 1994

묵 · 두부

불거지묵(불거지떡)

재료

불거지(해초) 200g • 물 적량

만드는 법

1. 불거지는 깨끗이 씻어 솥에 물을 붓고 푹 삶는다.
2. 불거지가 어느 정도 퍼지면 건져서 그릇에 넣고 주걱으로 으깬다.
3. 2를 쟁반에 펴서 굳힌 다음 먹기 좋은 크기로 썰어서 양념장에 찍어 먹는다.

참고사항
옛날 먹을 것이 귀할 때에 밥 대신 허기를 달래기 위해서 먹었던 것이 지금은 별미가 되었다.

정보제공자
김영희, 충청남도 태안군 이원면 내리

호박묵

재 료

늙은 호박 600g • 물 600mL(3컵) • 강낭콩 80g(⅓컵) • 설탕 1컵 • 꿀 2큰술 • 한천 5큰술 • 소금 약간

만드는 법

1. 늙은 호박은 껍질을 벗겨 내고 속을 긁은 다음 잘게 썬다.
2. 썬 호박에 물을 붓고 소금을 약간 넣어 끓인 후 강낭콩을 넣고 끓인다.
3. 한천은 물에 불려 놓는다.
4. 호박이 무르면 설탕을 넣고 약한 불에 올려서 서서히 조린다.
5. 불린 한천을 4에 넣어 끓인 후 그릇에 쏟아 굳힌다.
6. 적당히 굳으면 먹기 좋은 크기로 썰어 낸다.

참고사항

늙은 호박은 대개 호박죽을 쑤어 먹는데, 충남에서는 한천을 넣고 굳혀 묵처럼 쑤어 먹기도 한다.

정보제공자
한석자, 충청남도 연기군 서면 와촌1리

장아찌

묵장아찌

재 료

도토리묵 700g(1모) • 간장 2컵 • 다진 파 · 다진 마늘 · 참기름 · 통깨 적량

만드는 법

1. 도토리묵은 굵게 채 썬다(7×0.7×0.7cm).
2. 채 썬 묵을 통풍이 잘 되는 곳에서 꾸덕꾸덕하게 말린다.
3. 간장을 끓여 식혀 묵이 잠길 정도로 부어서 40일 정도 재워 둔다.
4. 먹을 때 꺼내어 다진 파, 다진 마늘, 참기름, 통깨를 넣고 고루 무친다.

❁ 참고사항

옛날에는 도토리묵을 넙적넙적하게 썰어 묵장아찌를 만든 다음 먹기 직전에 채 썰어 양념하여 무쳐 먹기도 하였다.

정보제공자
김영월, 충청남도 예산군 신암면 별리

조리시연자
김찬화, 대전광역시 서구 월평동

장아찌

호두장아찌

재료

깐 호두 240g(3컵) • 쇠고기 100g • 물 140mL($\frac{2}{3}$컵) • 간장 3큰술 • 물엿 1큰술

쇠고기 양념 간장 1작은술 • 다진 파 1작은술 • 다진 마늘 $\frac{1}{2}$작은술 • 깨소금 1작은술 • 참기름 1작은술

만드는 법

1. 호두는 물이 끓으면 넣어서 호두가 떠 올랐을 때 불을 끄고 10분 정도 담가 떫은맛을 없앤 후 찬물에 헹궈 체에 밭쳐 둔다.
2. 쇠고기는 곱게 다져서 쇠고기 양념으로 양념한 다음 지름 1.5~2cm 정도 크기로 동그랗게 완자를 빚는다.
3. 물과 간장을 넣고 끓이다가 완자를 넣어 익히고 호두를 넣어 조린다.
4. 국물이 자작하게 졸아들면 물엿을 넣고 고루 섞는다.

1

2

3

4

조리시연자
김찬화, 대전광역시 서구 월평동

마늘장아찌

재 료

통마늘 500g • 식초 400g(2컵) • 물 400mL(2컵) • 소금 1큰술 • 간장 800g(3½컵) • 설탕 2½큰술

만드는 법

1. 마늘은 줄기를 2cm가량 남겨 두고 잘라 내어 껍질을 한 겹만 벗기고 병에 담는다.
2. 물에 식초와 소금을 넣고 섞어 식초물을 만들어 마늘이 잠길 정도로 부어 1주일 정도 둔다.
3. 냄비에 간장, 설탕을 넣고 끓여 양념장을 만들어 식힌다.
4. 2의 식초물을 따라 내고 3의 양념장을 부어 삭힌다.

참고사항

- 장아찌에 관한 우리나라의 구체적인 기록으로는 고려 중엽의 이규보가 지은 『동국이상국집』의 시편 '가포육영(家圃六詠)' 속에 "무청을 장 속에 박아 넣어 여름철에 먹고 소금에 절여 겨울을 대비한다"는 구절이 있는데, 이것이 곧 장아찌와 김치를 가리키는 것으로 생각된다. 태안에는 육쪽 마늘이 유명하기 때문에 예부터 즐겨 담아 먹는 장아찌이다.
- 마늘의 알싸한 맛과 간장의 맛이 어우러진 장아찌로 입맛을 돋우는 데 아주 좋다.

출 처

태안군농업기술센터, 전통음식의 맛 · 멋, 1997

정보제공자

김춘환, 충청남도 태안군 태안읍 장산리
이자영, 충청남도 서산시 팔봉면 어송2리

고문헌

시의전서(마늘장아찌법), 조선요리제법(마늘장아찌(마늘선)), 조선무쌍신식요리제법(산장 : 蒜醬)

마늘종장아찌

재 료

마늘종 500g • 고추장 520g(2컵)

양념 설탕 · 깨소금 · 참기름 적량

만드는 법

1. 마늘종의 양끝 부분은 잘라 내고 깨끗이 씻어서 물기를 제거한 후 5cm 길이로 썬다.
2. 준비된 마늘종에 고추장을 넣고 버무려 항아리에 담아 익힌다.
3. 마늘종이 익으면 먹을 만큼씩 꺼내어 설탕, 깨소금, 참기름으로 양념한다.

출 처

태안군농업기술센터, 전통음식의 맛 · 멋, 1997

고문헌

시의전서(마늘종고추장장아찌)

감장아찌

재 료

감 4kg • 물 6L • 소금 3¼컵 • 고추장 4kg

양념 다진 파 · 다진 마늘 · 참기름 · 깨소금 적량

만드는 법

1. 소금물에 꼭지를 딴 감을 3~5일 담가 놓는다.
2. 1의 감을 3등분하여 채반에 널어 꾸들꾸들하게 말린다.
3. 말린 감을 고추장에 박는다.
4. 5개월 이상 되면 맛이 드는데, 먹을 만큼씩 꺼내어 다진 파, 다진 마늘, 참기름, 깨소금을 넣고 무친다.

참고사항

감이 많이 나는 가을철에 약간 덜 익은 떫은 감을 소금에 절여 삭힌 후 고추장에 넣어 장아찌가 되면 갖은 양념을 해서 먹는 것으로 입맛이 없는 봄 · 여름철에 먹으면 좋은 별미음식이 된다.

정보제공자
민옥식, 충청남도 예산군 광시면 관음리

장아찌

머위장아찌

재 료

머위 500g • 고추장(또는 된장) 적량

양념 다진 파 · 다진 마늘 · 참기름 · 깨소금 적량

만드는 법

1. 머위는 줄기만 삶아 놓은 다음 채반에 널어 말린 다음 마른 머위를 고추장(또는 된장)에 박아 놓는다.
2. 5개월 이상 지난 다음 먹을 만큼씩 머위를 꺼내 양념을 넣고 무친다.

❀ 참고사항

늦봄에 담가 먹는 장아찌로 맛이 특이하며, 머위의 쓴맛이 입맛을 돋우어 준다.

정보제공자
김기자, 충청남도 예산군 신양면 차동리

고문헌
조선무쌍신식요리제법(머위장아찌)

장아찌

무장아찌

재 료

무 9kg(10개) • 소금 500g(3컵) • 고추씨 적량 • 풋고추 300g(20개)

만드는 법

1. 항아리에 무, 고추씨, 소금을 켜켜이 넣고 돌로 눌러 저장한다.
2. 다음해 6월에 무 장아찌를 꺼내 채 썰어 물에 담가 짠맛을 우려 낸다. 채 썬 풋고추와 함께 낸다.

정보제공자
김경란, 충청남도 당진군 대덕리
김현옥, 충청남도 예산군 대흥면 갈사리
김화자, 충청남도 당진군 당진면
이달순, 충청남도 보령시 남포면
정무영, 충청남도 천안시 성남면
조춘자, 충청남도 태안군 태안읍 장산리

고문헌
시의전서(무말랭이장아찌), 조선요리세법(무장아찌), 조선무쌍신식요리제법(무장아찌(무말랭이장아찌))

장아찌

무청장아찌

재료

무청 400g • 간장 1컵

만드는 법

1. 무청은 질긴 부분을 뜯어 내고 연한 부분으로 골라 그늘에서 3~5일 정도 말린다.
2. 1을 항아리에 넣고 간장을 부은 뒤 무거운 돌로 눌러서 2~3개월 정도 익힌 후에 먹는다.

참고사항

김장을 다 담그고 나면 무청이 남는 경우가 많은데, 이 무청은 말려서 무청, 김치, 장아찌를 만들었다. 무는 뿌리보다는 잎에 더 영양소가 많으므로 이 무청장아찌는 겨울철 부족한 비타민 섭취에 좋고, 씹는 질감도 아주 좋다.

정보제공자
김경희, 충청남도 아산시 송악면 평촌1리

장아찌

얼린무장아찌

재료

무 400g(½개) • 식용유 적량 • 통깨 약간

고추장 양념 고추장 2큰술 • 설탕 1큰술 • 다진 파 1큰술 • 다진 마늘 1작은술 • 참기름 1큰술

만드는 법

1. 추운 겨울에 무를 얼렸다 녹였다 하여 무를 준비해 둔다.
2. 무를 1cm 간격으로 원형으로 썬 다음 칼등으로 두들겨 놓고, 고추장 양념을 만들어 무를 재워 놓는다.
3. 달군 팬에 식용유를 약간 두르고 무를 볶아 통깨를 뿌린다.

정보제공자
박경숙, 충청남도 아산시 탕정면 용두1리

장아찌

산초장아찌

재 료

산초 400g • 양파 150g(1개) • 국간장 3컵 • 다진 파 2큰술 • 다진 마늘 1큰술

소금물 소금 3큰술 • 물 400mL(2컵)

만드는 법

1. 산초는 깨끗이 씻어 소금물에 3일간 삭힌다.
2. 양파는 적당한 크기로 썰어 둔다.
3. 국간장에 다진 파, 다진 마늘, 양파를 넣고 끓여 식힌다.
4. 삭힌 산초에 3을 붓는다.

정보제공자
최월선, 충청남도 부여군 은산면 대양리

장아찌

우무장아찌(우묵장아찌)

재 료

우뭇가사리 1kg • 고추장 1kg(3½컵) • 참기름 약간

만드는 법

1. 우뭇가사리는 잡티를 제거하여 물을 붓고 푹 곤다.
2. 푹 무르게 끓인 후 체에 밭쳐 건더기를 걸러 낸 다음 물을 굳혀서 묵을 만든다.
3. 묵이 굳으면 적당한 크기로 썰어서 고추장에 우무묵을 넣어 버무려 놓는다.
4. 15~20일 정도가 지나면 꺼내어 잘 헹군 다음 참기름을 넣고 무친다.

참고사항

여름에 우무묵을 만들어 고추장에 박아 두면 보존도 되지만 짭짜름한 맛이 입맛을 돋운다.

정보제공자
이자영, 충청남도 서산시 팔봉면 어송2리

젓갈 · 식해

박하지게장(바우지게장)

재 료

박하지게 1kg • 간장 5컵 • 양파 150g(1개) • 마늘 30g(1통) • 생강 20g(5쪽) • 마른 고추 2개

만드는 법

1. 박하지게는 살아 있는 것으로 등딱지와 몸을 솔로 문질러 깨끗이 씻는다.
2. 간장과 양파, 마늘, 생강, 마른 고추를 냄비에 넣고 재료의 향과 맛이 우러나도록 끓여 체에 밭쳐 완전히 식힌다.
3. 항아리에 1의 게를 배 쪽이 위로 오게 하여 차곡차곡 담고 2의 간장을 게가 잠길 정도로 붓는다. 게가 떠오르지 않도록 무거운 것으로 눌러 둔다.
4. 오래 보관하여 먹으려면 1주일 후 간장만 따라 내어 끓인 후 식혀 다시 붓는 것을 2회 정도 반복한다.

1

2

3

3

정보제공자
한선혜, 충청남도 서천군 마서면 남전리

조리시연자
김찬화, 대전광역시 서구 월평동

젓갈 · 식해

서산어리굴젓

재 료

굴 1kg • 고춧가루 4큰술 • 소금 4큰술 • 소주 2큰술 • 메밀가루 2큰술 • 물 400mL(2컵)

만드는 법

1. 굴은 소금물에 깨끗이 씻어서 물기를 빼고 소금에 절인다.
2. 약 3일이 지나고 그릇을 뒤적여 보아 굴의 빛깔이 약간 붉은 기운이 돌면 소쿠리에 밭쳐 물(약간 검은색)을 완전히 뺀 다음 소주를 넣어 섞는다.
3. 2의 굴에 물에 불린 고춧가루를 넣어 버무린다.
4. 물에 메밀가루를 넣고 묽게 풀을 쑤어 식힌 후 3의 굴에 넣어 잘 버무린다. 저장기간에 따라 소금을 가감한다.

참고사항

- 어리굴젓은 서산의 명물로 다른 곳의 굴에 비해 크기가 작고 또렷하여 맛이 좋다.
- 서산 어리굴젓은 고춧가루를 사용한다는 것이 일반 굴과 다른 점이다.

1

2

3

4

출 처

문화공보부 문화재관리국, 한국민속종합조사보고서(향토음식 편), 1984

네이버사전(두산백과), 100.naver.com/, 2006

조리시연자

김찬화, 대전광역시 서구 월평동

젓갈 · 식해

자하젓

재 료

자하 1kg • 소금 400g(3컵)

만드는 법

1. 자하는 물에 깨끗이 헹군다.
2. 자하와 소금을 5 : 2의 비율로 섞어 버무린다.
3. 항아리에 버무린 젓을 담고 2~3개월 숙성시킨다.

참고사항

• 풋고추와 곁들여 먹거나 고춧가루, 통깨 등을 넣어 먹기도 한다.

• 자하는 갑각류의 열각목에 속하는 새우과로서 바다새우 중에서 가장 작고 연하며 몸체가 투명한 새우로서 생명력이 약해 최고의 청정해역에서만 서식하는 것으로 젓을 담그면 붉게 숙성되어 붉을 '자(紫)'와 새우 '하(蝦)'를 써서 자하라 하였다. 우리나라에서 유일하게 충남 서천군에서만 생산되며 자하젓은 옛날에는 귀한 손님이나 부잣집 어른 밥상에만 올려 놓던 아주 귀한 젓갈이다.

1

2

3

정보제공자
나미숙, 충청남도 서천군 마서면 남전리

조리시연자
김찬화, 대전광역시 서구 월평동

꽃게장

재 료

꽃게 1kg(4마리) • 붉은 고추 75g(5개) • 마늘 30g(1통) • 생강 20g(5쪽) • 물 800mL(4컵) • 간장 2컵 • 혼합액젓 2컵 • 양파 150g(1개) • 다시마 10g

만드는 법

1. 꽃게는 솔로 문질러 깨끗이 씻어 놓는다.
2. 양파는 적당한 크기로 썰어 물, 액젓, 간장, 다시마와 함께 넣고 끓인 다음 건더기는 건져 내고 국물만 식힌다.
3. 항아리에 꽃게를 엎어서 차곡차곡 담고 붉은 고추, 마늘, 생강을 넣고 2의 간장을 붓는다.
4. 하루가 지나면 국물만 따라서 끓여 식힌 후 다시 항아리에 붓는다. 담근 후 4일 정도가 지나면 꽃게에 간이 밴다.
5. 먹을 때에는 꽃게의 등딱지를 떼어 내어 깨소금과 다진 마늘을 얹어 상에 낸다.

출 처

태안군농업기술센터, 전통음식의 맛 · 멋, 1997
농촌진흥청, 향토음식, www2.rda.go.kr/food, 2006

정보제공자

박명옥, 충청남도 서산시 성연면 명천2리

젓갈 · 식해

능쟁이게장

재 료

능쟁이 500g • 고추 300g(20개)

만드는 법

1. 능쟁이는 깨끗이 씻어 준비한다.
2. 고추는 깨끗이 씻어 절구에 넣고 찧는다.
3. 항아리에 능쟁이 한 켜, 고추 한 켜를 순서대로 켜켜이 넣고 이듬해 봄에 먹는다.

참고사항

능쟁이게장에 사용하는 고추는 수확이 끝난 후 뒷물로 남은 고추로 색이 풋고추와 붉은 고추의 중간 것으로 준비한다.

정보제공자
신갑열, 충청남도 태안군 소원면 시목리

젓갈 · 식해

박대젓

재 료

박대 1kg • 소금 200g(1½컵)

양념 고춧가루 2큰술 • 식초 1작은술 • 다진 풋고추 2큰술 • 설탕 1큰술 • 잘게 썬 파 2큰술 • 다진 마늘 1큰술 • 통깨 1큰술

만드는 법

1. 박대를 소금에 절여 항아리에 넣고 1년간 그늘에서 보관한다.
2. 삭힌 박대를 꺼내 껍질을 벗겨 잘게 썬다. 박대에 양념을 넣어 버무린다.

정보제공자
이명희, 충청남도 홍성군 서부면 이호리

밴댕이젓

재 료

밴댕이 5kg • 소금 3kg

만드는 법

1. 싱싱한 밴댕이를 골라 내장을 빼서 손질하고 소금물에 문질러 가면서 깨끗이 씻어 물기를 뺀다.
2. 밴댕이와 소금을 함께 넣고 버무려 깨끗한 항아리에 눌러 담는다.
3. 항아리 맨 위에 소금을 듬뿍 얹어 밴댕이가 보이지 않도록 한다.
4. 무거운 돌로 꼭 눌러 놓고 뚜껑을 덮은 다음 그늘진 곳에 저장한다.

참고사항

밴댕이는 청어과 바닷고기로 길이가 5~10cm 정도이다. 밴댕이젓은 살이 많을 때인 봄철(3~4월)에 많이 담근다. 먹을 때 조금씩 꺼내어 갖은 양념에 버무려 먹거나 그대로 밥과 함께 먹어도 좋다.

고문헌

조선무쌍신식요리제법(소어해 : 蘇魚醢)

젓갈 · 식해

뱅어액젓(실치액젓)

재료

뱅어(실치) 1kg • 소금 140g(1컵)

만드는 법

1. 6월 말에서 7월 초 사이에 잠깐 잡히는 뱅어는 깨끗이 씻어 소쿠리에 건져 놓는다.
2. 뱅어와 소금을 넣고 치대면서 씻어 뱅어가 꼬들꼬들해지면 항아리에 담고 웃소금을 충분히 뿌려 둔다.
3. 뚜껑은 한지로 만들어서 덮고 3개월 정도 지난 후 용수를 박아 맑은 술을 뜨듯이 액젓을 뜬다.

정보제공자
조수호, 충청남도 서산시 갈산동

젓갈 · 식해

새우젓

재료

새우 5kg • 소금 2kg

만드는 법

1. 새우의 이물질을 잘 골라낸 뒤 물에 깨끗이 씻어서 소쿠리에 밭쳐 물기를 뺀다.
2. 새우에 소금을 3 : 1의 비율로 넣고 잘 섞어서 항아리에 담아 꼭꼭 누른 다음 웃소금을 두껍게 얹고 봉해 그늘에서 삭힌다.

고문헌
조선요리제법(새우젓), 조선무쌍신식요리제법(백하해 : 白蝦醢)

쏙무젓(설게무젓)

재 료

쏙(설게) 500g

양념 간장 2큰술 • 고춧가루 3큰술 • 다진 파 2큰술 • 다진 마늘 1큰술 • 설탕 1큰술 • 물엿 1큰술 • 다진 생강 1작은술

만드는 법

1. 쏙은 깨끗이 씻어 물기를 뺀다.
2. 가위로 쏙의 옆 부분을 잘라 내고 다듬어 2등분한다.
3. 양념을 만들어 쏙을 넣고 살살 버무린다.
4. 3~4일 후부터 먹기 시작한다.

참고사항

쏙은 수질오염으로 인해 점차 서식지가 줄어들고 있다. 쏙무젓은 쏙에 갖은 양념을 해 무쳐낸 것으로 바닷가 주변 마을에서 즐겨 먹는 음식이다.

정보제공자

정경자, 충청남도 서산시 부석면 마룡리

쑥장(설게장)

재 료

쑥(설게) 500g

양념장 간장 2컵 • 액젓 1컵 • 설탕 50g(⅓컵) • 마늘 30g(1통) • 생강 20g(5쪽) • 대파 35g(1뿌리) • 마른 고추 2개 • 물 400mL(2컵)

만드는 법

1. 쑥은 깨끗이 씻어 물기를 뺀다.
2. 간장, 물, 액젓 등의 양념장 재료를 넣고 팔팔 끓인 다음 건더기를 건져 내고 차갑게 식힌다.
3. 식힌 양념장에 쑥을 차곡차곡 넣고 3~4일 후에 꺼내어 먹는다.

참고사항

별도의 양념을 하지 않아도 짭짤한 맛이 입맛을 돋운다.

정보제공자
정경자, 충청남도 서산시 부석면 마룡리

장

우렁이쌈장

재 료

우렁이 ½컵 • 배추김치 50g • 된장 5큰술 • 물 100mL(½컵) • 다진 마늘 ½큰술 • 다진 파 ½큰술 • 고춧가루 1작은술 • 통깨 약간

만드는 법

1. 우렁이를 깨끗이 씻어 놓고 김치는 송송 썰어 둔다(0.5cm).
2. 뚝배기에 물을 붓고 된장을 풀어 넣어 바글바글 끓인다.
3. 한소끔 끓고 나면 다진 파, 다진 마늘, 고춧가루를 넣는다.
4. 3에 우렁이와 썰어 놓은 김치를 넣고 다시 한번 끓여 국물이 자작해지면 통깨를 뿌려 낸다.

2

3

3

4

출 처
농촌진흥청, 향토음식, www2.rda.go.kr/food, 2006

조리시연자
김찬화, 대전광역시 서구 월평동

장

지례장(찌엄장)

재 료

메줏가루 500g(6¼컵) • 보리쌀 250g(1¾컵) • 소금 80g(⅔컵) • 고춧가루 20g(¼컵) • 배추김칫국물 5컵

만드는 법

1. 보리쌀은 깨끗이 씻어 푹 삶아 놓는다.
2. 김칫국물에 메줏가루와 고춧가루를 섞고 소금으로 간을 한다.
3. 2에 삶은 보리를 넣고 고루 섞는다.
4. 항아리에 담아 밖에서 한 달 정도 익혀 쌈장이나 찌개로 끓여 먹는다.

1

2

3

3

참고사항

- 보리를 씻어서 가루로 내서 엿기름물에 삭혀 끓여서 담으면 맛과 저장성이 더 좋다.
- 지례장은 햇장을 담그기 전까지 먹기 위해 담그는 재래된장이다. 새로운 된장을 먹기 전에 지레(미리) 먹는 장이라고 하여 지례장이라 부르며, 지름장, 찌엄장, 무장이라고도 한다.

출 처

태안군농업기술센터, 태안의 맛을 찾아서, 2003
네이버사전(두산백과), 100.naver.com/, 2006

조리시연자

김찬화, 대전광역시 서구 월평동

정보제공자

박순희, 충청남도 보령시 오천면 갈현리
이완녀, 충청남도 논산시 지산3동
조희순, 충청남도 태안군 소원면 시목리
최월선, 충청남도 부여군 은산면 대양리

주식류 부식류 떡류 과정류 음청류 주류

장

등겨장(딩겨장)

재 료

호밀 1kg • 보리등겨 500g • 보리쌀 500g(3½컵) • 고춧가루 100g(1⅕컵) • 엿기름가루 200g(1¾컵) • 소금 1kg • 물 적량

만드는 법

1. 호밀을 갈아서 보리등겨와 혼합하여 물을 섞어 시루에 찐다.
2. 1을 작은 덩어리로 빚어 소쿠리에 담아 2일간 띄운다.
3. 2를 햇볕에 말려 가루로 빻아 둔다(시기 : 8~9월).
4. 보리쌀을 갈아서 물을 섞어 시루에 찐 후 2일간 띄운다.
5. 엿기름가루를 물에 풀어 엿기름물을 준비한다.
6. 엿기름물에 소금을 넣고 3, 4와 고춧가루를 넣어 고루 섞은 후 항아리에 담아 한 달 동안 숙성시킨다(시기 : 10월).

❋ 참고사항

연기군 농가에서 30여 년간 만들어 온 장으로 처음에는 집안 별미음식으로 만들었는데, 그 맛이 소문이 나서 주변에서 찾기 시작하자 현재는 재래시장에 판매하여 농가 부업으로 소득을 올리고 있다.

조리시연자
박남순, 충청남도 연기군 금남면 용담1리

장

겨장(쩜장, 저장)

재 료

콩 14kg • 호밀 7kg • 보리쌀(보리겨) 3kg • 고추 · 물 · 소금 · 엿기름가루 · 고춧가루 적량

만드는 법

1. 콩과 호밀은 불리지 않고 씻어 곧바로 빻아 가루로 만든다.
2. 1의 가루에 물을 넣어 가며 섞어 시루에 쪄 둥글게 뭉쳐 덩어리를 만든다.
3. 2를 바싹 말려서 켜켜이 짚을 깔고 바람이 잘 통하는 곳에서 띄우다가 잘게 부숴 놓는다.
4. 밤이슬을 맞히면 메주 냄새가 날아가므로 여러 날 바싹 말린 후 빻아서 메줏가루를 만든다.
5. 고추는 씻어서 꼭지를 따지 말고 10일 정도 소금물에 삭혀서 2~3일 전에 건져서 물기를 제거해 둔다.
6. 보리쌀은 씻어서 바로 빻아 엿기름물에 1시간 정도 삭혀서 끓인 다음 따뜻할 정도로 식힌 다음 메줏가루와 소금을 넣고 고춧가루와 삭힌 고추를 잘 섞어서 익힌다.

정보제공자
박순희, 충청남도 보령시 오천면 갈현리
이완녀, 충청남도 논산시 지산3동
조희순, 충청남도 태안군 소원면 시목리
최월선, 충청남도 부여군 은산면 대양리

장

담북장(담뿍장)

재 료

메주 3kg • 고춧가루 80g(1컵) • 다진 마늘 5큰술 • 다진 생강 5큰술 • 소금 2컵 • 물 400mL(2컵)

만드는 법

1. 메주를 절구에 콩알만하게 빻아서 따뜻한 물을 부어 하루 정도 삭힌다.
2. 1에 고춧가루, 다진 마늘, 다진 생강, 소금을 넣고 섞어 1주일 동안 발효시킨 뒤 시원한 곳에 보관한다.

참고사항

- 메주는 크기를 조그맣게 만들어 띄운 것을 사용한다.
- 조자호의 『조선요리법』(1939)에 담북장은 '메주를 곱게 빻아서 고춧가루만 알맞게 섞어서 하룻밤 재워 가지고 간장은 조금만 치고 소금으로 간을 맞춘다' 고 하였다. 손정규의 『우리음식』(1948)에 담북장은 '메줏가루에 간장과 물을 섞어서 약 20일 삭힌 후에 먹는데, 이른 봄이나 늦은 가을에 담그는 것으로 고기와 파를 넣고 끓이면 좋은 찬이 된다' 고 하였다.
- 두부물이나 순두부물을 사용하면 맛이 더 좋으며, 겨울에는 설 전후로 담아 겨우내 밖에 두고 먹었다.

정보제공자
이은주, 충청남도 천안시 병천면 탑원리

장

보리고추장

재료

보리쌀 500g(3½컵) • 고춧가루 3kg • 메줏가루 · 소금 · 물 적량

만드는 법

1. 보리쌀을 씻어 가루로 빻아 물을 뿌려 가며 버무려 시루에 찐다.
2. 충분히 쪄졌으면 그릇에 쏟고 끓여서 식힌 물을 섞어서 다시 시루에 넣는다.
3. 시루를 더운 방에서 따뜻하게 덮어 놓고 띄운다.
4. 하얗게 띄워지면 쏟아 고춧가루와 메줏가루를 손으로 비비면서 섞어 소금으로 간을 하여 숙성시킨다.

참고사항

보리고추장에는 엿기름가루를 쓰지 않는 것이 특징이다.

출 처
농촌진흥청 농촌영양개선연수원(현 농촌자원개발연구소), 한국의 향토음식, 1994

고문헌
조선요리제법(보리고추장)

지장

재료

무시래기 200g • 메줏가루 100g(1¼컵) • 고춧가루 3큰술 • 멸치액젓 4큰술 • 풋고추 30g(2개) • 다진 파 2큰술 • 다진 마늘 1큰술 • 소금 · 쌀뜨물 적량

만드는 법

1. 무시래기를 소금에 절였다가 물에 헹구어 꼭 짠 다음 메줏가루, 고춧가루, 멸치액젓, 소금을 넣고 버무려 놓는다.
2. 1주일 정도 지나 익으면 뚝배기에 쌀뜨물을 붓고 다진 파, 다진 마늘, 풋고추 등 양념을 넣고 찌개를 끓여 먹는다.

참고사항

가을철 무시래기를 이용한 장으로 겨우내 먹을 수 있다.

정보제공자
이병예, 충청남도 예산군 오가면 역탑리

장

집장

재료

밀쌀 1kg • 엿기름가루 500g(4$\frac{1}{3}$컵) • 고춧가루 1kg(12$\frac{1}{2}$컵) • 풋고추 500g • 가지 500g(4개) • 마늘 약간 • 물 6~8L • 소금 적량

만드는 법

1. 밀쌀을 빻아서 물로 촉촉하게 적셔 놓은 다음 시루에 쪄서 밀떡을 만든다.
2. 엿기름가루를 물에 풀어 엿기름물을 준비한다.
3. 가지와 풋고추는 적당한 크기로 썬다.
4. 밀떡을 엿기름물로 반죽하여 따뜻하게 12시간 동안 삭힌다.
5. 4에 풋고추, 가지, 고춧가루, 마늘을 넣고 소금 간을 한 다음 항아리를 밀봉하여 퇴비 속에 일주일 삭혀서 시원한 곳에 보관하여 먹는다.

참고사항

- 음력 8월 말에 시골에서 나오는 열매채소를 퇴비 속에 발효시켜 먹는 저장음식이다.
- 한여름 별미로 밥을 고추장 대신 집장으로 비벼 먹었다.

정보제공자
김사인, 충청남도 홍성군 구항면 내현리

고문헌
수운잡방(조즙 : 造汁), 증보산림경제(조즙장국법 : 造汁醬麴法), 규합총서(즙장(집장)), 시의전서(즙장 : 汁醬), 부인필지(즙장), 조선요리제법(즙장), 조선무쌍신식요리제법(즙장 : 汁醬)

청국장

재 료

콩 4kg • 소금 1kg(7⅔컵) • 고춧가루 1kg(12½컵) • 다진 마늘 ½컵 • 다진 생강 ⅓컵 • 물 적량

만드는 법

1. 콩을 깨끗이 씻어 12시간 정도 물에 불려 건져서 푹 삶는다.
2. 푹 무르면 우묵한 용기에 담아 짚을 넣고 40°C 정도의 온도가 유지되도록 더운 곳에 보자기를 씌워 덮어 둔다.
3. 2~3일 후에는 콩에 주름이 보이고 하얀 끈적물이 생기는데, 이때 절구에 넣고 나머지 재료를 모두 넣어 곱게 찧는다.
4. 항아리에 꼭꼭 눌러 담아 두고 먹는다.

❁ 참고사항

- 고구려 유민이 세운 발해에 '책성시' 라는 청국장이 있었다고 문헌에 나온다. 청국장은 담북장, 떼장(평안도), 퉁퉁장(충청도) 등으로 부르는데, 청국장과 담북장은 전혀 다른 것으로 분류되기도 한다.
- 청국장은 가을에서 이른 봄까지 일반 가정에서 많이 쓰이는 장으로 동지 전에 김장을 담그고 나서 햇콩을 삶아 띄워서 만든다.

정보제공자

이완녀, 충청남도 논산시 지산3동
조경애, 충청남도 금산군 군북면 두두2리
최경희, 충청남도 천안시 성남면 화성2리

고문헌

산가요록(청장), 증보산림경제(취청장법 : 取淸醬法), 시의전서(청국장 : 淸麴醬), 부인필지(청국장), 조선무쌍신식요리제법(청장 : 淸醬)

호박고추장

재 료

늙은 호박 500g • 엿기름가루 200g(1¼컵) • 메줏가루 100g(1¼컵) • 고춧가루 200g(2½컵) • 소금 100g(⅔컵) • 물 적량

만드는 법

1. 늙은 호박은 껍질을 벗기고 씨를 긁어 낸 다음 얇게 썬다.
2. 따뜻한 물에 엿기름가루를 넣고 잠시 두었다가 손으로 주물러 체에 걸러서 엿기름물을 맑게 가라앉힌다.
3. 썰어 놓은 호박에 엿기름물을 붓고 8시간 정도 약한 불에서 끓인다.
4. 다 끓으면 뜨거운 상태에서 메줏가루를 넣고 섞는다.
5. 위의 재료가 식으면 고춧가루와 소금을 넣어서 섞는다.
6. 항아리에 담아서 뚜껑을 덮고 20일 동안 햇볕에 두어 발효시켰다가 시원한 곳에 저장한다.

약편

재료

멥쌀가루 1kg(6$\frac{2}{3}$컵) • 막걸리 100mL($\frac{1}{2}$컵) • 대추고(대추를 푹 삶아서 체에 거른 것) 1컵 • 석이버섯 2g • 대추 10g(5개) • 밤 30g(3개) • 설탕 1컵 • 소금 $\frac{1}{2}$큰술

만드는 법

1. 멥쌀가루를 체에 내려 소금을 넣고 섞는다.
2. 석이버섯은 따뜻한 물에 불려 깨끗이 씻고, 밤은 껍질을 벗기고, 대추는 깨끗이 씻어 0.2cm 두께로 가늘게 채 썬다.
3. 막걸리, 대추고, 설탕을 섞어 1의 멥쌀가루에 넣어 손에 쥐었을 때 잘 뭉쳐질 때까지 비벼서 체에 다시 한번 내려 준다.
4. 시루에 면포를 깔고 설탕을 살짝 뿌린 뒤 3의 멥쌀가루를 고르게 펴 담고, 석이채, 대추채, 밤채를 위에 골고루 뿌린 다음 시루 위에 젖은 면포를 덮는다.
5. 시루의 김이 새지 않도록 밀가루 반죽으로 시루번을 만들어 시루의 둘레에 붙이고 25분간 찐다.

2

2

3

3

✻ 참고사항

수분 조절을 막걸리로 하므로 멥쌀의 수분 상태에 따라 막걸리 양을 조절할 수 있다.

조리시연자
김찬화, 대전광역시 서구 월평동

송기떡(송기송편)

재 료

찹쌀가루 400g(4컵) • 송기(소나무 속껍질) 100g • 거피녹두 300g • 물 · 소금 · 참기름 적량 • 중조 약간

만드는 법

1. 송기(소나무 속껍질)에 중조를 약간 넣고 약한 불에서 삶아 헹군 다음 곱게 찧는다.
2. 곱게 찧은 송기와 찹쌀가루를 섞어 반죽한다.
3. 거피녹두는 푹 삶아서 체에 내려 소금과 설탕을 넣어 볶아 송편소를 만든다.
4. 2의 반죽을 떼어 소를 넣어 송편을 빚는다.
5. 찜통에 면포를 깔고 송편을 쪄서 다 익으면 소금과 참기름 섞은 물을 바른다.

참고사항

추석 전 날, 온 가족이 둘러앉아 담소를 나누며 빚는 송편은 빚는 이의 솜씨뿐만 아니라 앞일을 점칠 수 있는 재미도 담아 낸다. 미혼 남녀가 송편을 예쁘게 만들면 좋은 배우자를 만나고, 임신한 여성이 태중 아이의 성별을 알아보기 위해 송편 속에 솔잎을 가로질러 넣고 찐 다음 한쪽을 깨물어 솔잎의 붙은 쪽이 나오면 딸을 낳고 반대쪽을 깨물면 아들을 낳는다는 이야기가 있다. 추석음식으로 송편은 솔잎을 켜마다 깔고 찌기 때문에 송편이란 이름이 생겼다고 하며 떡에서 솔잎 향기가 나 입맛을 돋운다. 또 송기를 찢어 넣어 송기송편을 만들기도 한다.

출 처

농촌진흥청 농촌영양개선연수원(현 농촌자원개발연구소), 한국의 향토음식, 1994

정보제공자

구영자, 충청남도 보령시 청라면 라원리

고문헌

산가요록(송고병(소나무껍질)), 도문대작(송기떡(송피떡)), 증보산림경제(송피병법 : 松皮餠法), 규합총서(송기떡), 시의전서(송피절편 : 松皮절편), 조선요리제법(송기떡), 조선무쌍신식요리제법(송피병 : 松皮餠)

떡

골담초떡

재료

멥쌀가루 400g(2⅔컵) • 골담초꽃 50g • 대추 4g(2개) • 물 4큰술 • 설탕 ½컵 • 꿀 4큰술 • 소금 약간

만드는 법

1. 멥쌀가루를 체에 내려 소금을 넣고 섞는다.
2. 대추는 씨를 발라 내어 가늘게 채 썬다.
3. 골담초꽃은 적당히 뜯어 놓는다.
4. 체에 내린 쌀가루에 물과 꿀을 넣어 비벼서 다시 체에 내려 설탕을 넣어 고루 섞는다.
5. 4의 멥쌀가루에 골담초꽃과 대추채를 고루 섞어 찜통에 면포를 깔고 찐다.

참고사항

노란 나비를 닮은 노란색의 특이한 꽃 모양 때문에 한눈에 알아 볼 수 있는 골담초는 원래 중국이 원산인 약용 재배 식물이다. 골담초의 잎은 특이하게도 우상복엽 중에서도 우수, 즉 짝수로 작은 잎이 모여 난다. 왼쪽 둘, 오른쪽 둘 모두 합쳐서 4개의 작고 귀여운 잎들이 모여 큰 잎 하나를 이루는데, 작은 잎이 8~10개인 참골담초와 작은 잎이 12~14개인 좀골담초가 있다. 가지가 많이 벌어지며 2m 내외로 자라 관상용으로 많이 심는다. 초(草)라는 글자 때문에 풀로 오인하는 사람들이 있는데, 여러 해에 걸쳐서 가지가 굵어지는 나무이다.

정보제공자
남상숙, 충청남도 아산시 송악면 역촌1리

구기자순갠떡

재 료

멥쌀 2kg • 데친 구기자순 200g • 참기름 ⅓컵 • 소금 2큰술

설탕물 설탕 ½컵 • 물 600mL(3컵)

만드는 법

1. 멥쌀은 깨끗이 씻어 10시간 정도 물에 불린 다음 체에 밭쳐 물기를 뺀다.
2. 구기자순은 깨끗이 다듬어 소금을 넣고 파랗게 데쳐서 찬물에 3~4번 헹궈 물기를 꼭 짠다.
3. 1의 멥쌀에 데친 구기자순과 소금을 넣고 빻아 가루를 만든다.
4. 3의 멥쌀가루에 끓는 설탕물을 부어 익반죽한다. 이때 많이 치대야 떡이 쫄깃쫄깃하다.
5. 4의 반죽을 조금씩 떼어 동글납작하게 만들거나 떡살로 찍어 낸다.
6. 5를 김이 오른 시루에 쪄서 참기름을 바른다.

❈ 참고사항

• 구수한 맛이 나도록 삶은 콩을 소로 넣고 빚기도 한다.
• 구기자순 대신 모시잎을 파랗게 삶아 넣어 만들면 모시잎갠떡이고, 쑥을 넣으면 쑥갠떡, 수리취를 삶아 멥쌀과 같이 빻아 만들면 수리취갠떡이 된다.

출 처
청양군농업기술센터, 청양의 맛, 2000

정보제공자
정명희, 충청남도 청양군 남양면 백금리

떡

꼬리떡

재 료

멥쌀가루 300g(2컵) • 천연색소(분홍 · 노랑) 약간 • 소금 1작은술 • 물 · 참기름 약간

만드는 법

1. 멥쌀가루를 체에 내려 소금을 넣어 섞은 다음 3등분한다.
2. 멥쌀가루의 ⅓은 천연색소 분홍으로, ⅓은 노랑으로 물을 연하게 들이고, 나머지 ⅓은 그대로 사용한다.
3. 2의 멥쌀가루에 물을 뿌리면서 보슬보슬하게 비벼서 찜통이나 시루에 찐다.
4. 3을 치대어 가래떡 모양으로 늘여 손날로 꼬리 모양을 만들고 참기름을 발라 낸다.

❁ 참고사항

멥쌀가루를 천연색소로 물 들여 반죽한 후 쪄서 만든 가래떡을 칼로 자르지 않고 손날로 눌러 잘라서 끝부분을 꼬리 모양으로 만들었다 하여 꼬리떡이라 했다.

정보제공자
한상례, 충청남도 홍성군 은하면 장척리

떡

달팽이떡

재 료

찹쌀가루 300g(3컵) • 소금 ½작은술 • 콩고물 40g(½컵) • 대추 10개 • 밤(깐 것) 100g(10개) • 곶감 320g(10개)

만드는 법

1. 찹쌀가루를 체에 내려 소금을 넣고 섞는다.
2. 대추와 곶감은 씨를 뺀 다음 채 썰고, 밤도 채 썬다.
3. 1의 찹쌀가루에 물을 조금 뿌려 찐 후 치대서 찰떡을 만든다.
4. 찰떡을 얇게 펴서 콩고물을 묻히고 대추채, 밤채, 곶감채를 가지런히 넣고 김밥 말듯이 말아 썬다.

❁ 참고사항

찰떡에 대추, 밤, 곶감을 넣고 말아 썰어 놓은 것이 달팽이 같다 하여 붙여진 이름으로 보기에도 좋고 맛도 좋다.

정보제공자
유순분, 충청남도 홍성군 홍북면 상하리

망개잎떡(멍가잎떡)

재료

망개잎(멍가잎) 적량 • 찹쌀 600g(3½컵) • 멥쌀 400g(2¼컵) • 팥 500g(2⅓컵) • 반죽물 200mL(1컵) • 설탕 ½컵 • 소금 약간 • 참기름 적량

만드는 법

1. 찹쌀과 멥쌀을 3 : 2의 비율로 섞어 물에 불려서 소금을 넣고 빻아 놓는다.
2. 1의 쌀가루를 끓는 물로 익반죽한다.
3. 팥은 무르게 푹 삶아 고운체에 내려 팥 앙금을 만든 후 설탕을 넣고 조려서 팥소를 만든다.
4. 2의 반죽을 떼어 팥소를 넣고 송편을 빚는다.
5. 참기름을 바른 송편을 망개잎으로 싸서 찐다.

참고사항

- 망개잎은 청다래덩굴로 불리며 백합과에 속하는 덩굴성 관목으로 어린 순은 무쳐 먹고 연한 잎은 쌈으로 싸서 먹기도 한다.
- 망개잎떡은 더운 여름철에 다른 음식보다 더 오래 보관할 수 있고, 찹쌀로 빚은 송편에 망개잎의 향을 더했다.

정보제공자
이정연, 충청남도 부여군 은산면 은산리

떡

메싹떡

재 료

메싹 200g • 멥쌀가루 300g(2컵) • 소금 1작은술 • 설탕 5큰술

만드는 법

1. 멥쌀가루에 소금, 설탕을 잘 섞는다.
2. 1의 멥쌀가루에 메싹을 섞어 찜통에 면포를 깔고 찐다.

❋ 참고사항

늦은 봄부터 여름 사이 밭이랑에 메싹이 보이는데, 그것을 캐면 희고 긴 뿌리가 있다. 향긋하고 달콤한 맛 때문에 농촌 어린이들이 재미로 찾아다니며 먹는 것을 볼 수 있다. 메싹떡은 메싹을 쌀가루에 섞어 찜솥에 면포를 깔고 쪄 낸 것으로 최근에는 메싹이 적어 만들어 먹기 힘든 떡이다.

정보제공자
이영미, 충청남도 예산군 예산읍 산성리

떡

쏙떡(설게떡)

재 료

쏙(설게) 500g • 찹쌀가루 300g(3컵) • 소금 1작은술

만드는 법

1. 쏙은 깨끗이 씻어 소금을 섞은 찹쌀가루를 묻힌 다음 시루에 찐다.

❋ 참고사항

쏙은 바다 갯벌에서 잡히는 것으로 튀김으로 먹기도 하고 쪄서 먹거나 국으로도 먹는 태안의 향토음식이다. 서민들이 주로 해먹으며, 쏙의 생김새는 바닷가재와 비슷하다.

정보제공자
엄주희, 충청남도 태안군 이원면 포지리

떡

방울기주

재 료

멥쌀 4kg • 대추 200g(3컵) • 석이버섯 30g(30개) • 막걸리 600mL(6컵) • 설탕 1.6kg(11컵) • 물 적량

만드는 법

1. 멥쌀은 씻어 6시간 이상 불려서 소금을 넣고 가루로 빻아서 고운체에 내린다.
2. 막걸리에 설탕을 넣고 중탕으로 60℃ 정도로 데운 다음 더운물을 섞는다.
3. 체에 친 멥쌀가루에 더운물을 탄 막걸리를 부어서 고루 저어 묽게 반죽한다. 반죽을 그릇에 담아 뚜껑을 덮어 따뜻한 곳에 담요를 덮은 후 5시간 정도 숙성, 발효시킨다.
4. 고명에 쓸 대추는 씨를 뺀 다음 가늘게 채 썰고, 석이버섯은 더운물에 불려서 깨끗이 씻어 채 썬다.
5. 잘 부푼 반죽을 증편 틀이나 찜통에 숟가락으로 떠 놓고 위에 대추채와 석이채 고명을 고루 얹는다.
6. 중불에서 20~40분간 찐다.

❋ 참고사항

숙성시킨 반죽이 원래의 3배 정도 부풀어오르면 발효가 다 된 것이다.

출 처

농촌진흥청, 향토음식, www2.rda.go.kr/food, 2006

고문헌

조선요리제법(방울증편), 조선무쌍신식요리제법(령증병 : 鈴蒸餠)

송화솔잎경단

재 료

찹쌀가루 500g(5컵) • 물 200mL(1컵) • 소금 약간 • 송홧가루 100g • 연한 솔잎 100g

만드는 법

1. 연한 솔잎을 깨끗이 손질하여 곱게 다진다.
2. 찹쌀가루에 소금을 넣고 섞은 다음 끓는 물로 익반죽한다.
3. 2의 반죽을 밤톨만하게 떼어 동그랗게 빚는다.
4. 끓는 물에 3의 경단을 넣고 삶아 경단이 물 위로 떠오르면 꺼내어 찬물에 헹군 후 물기를 뺀다.
5. 송홧가루와 다진 솔잎을 각각 쟁반에 고루 편 후 삶은 경단에 골고루 묻힌다.

출처
태안군농업기술센터, 태안의 맛을 찾아서, 2003

송화솔잎절편

재 료

멥쌀가루 1kg(6⅔컵) • 물 300mL(1½컵) • 송홧가루 · 솔잎가루 약간 • 소금 2작은술 • 설탕 · 참기름 적량

만드는 법

1. 멥쌀은 씻어 충분히 불려 물기를 뺀 후 소금을 넣고 곱게 빻아 가루로 만든다.
2. 멥쌀가루에 물을 넣고 두 손으로 골고루 비벼 고운체에 내려 찜솥에 찐다.
3. 2를 절구에 넣고 치댄다.
4. 3을 3등분하여 송홧가루, 솔잎가루로 색을 들이고, 하나는 흰떡 그대로 둔다.
5. 4의 2가지 색깔의 떡을 조금씩 떼어 4의 색보다 진하게 물을 들여 놓는다.
6. 흰떡 덩어리에 송홧가루와 솔잎가루로 색을 들인 떡을 가장자리에 놓고 가늘게 늘린 다음 떡살무늬로 누른 후 썰어 놓는다.
7. 설탕과 참기름을 섞어 떡에 바른다.

출 처

태안군농업기술센터, 태안의 맛을 찾아서, 2003

오색국화송편

재 료

멥쌀가루 500g(3⅓컵) • 참깨 70g(½컵) • 녹두 100g(½컵) • 설탕 4큰술 • 소금 약간

오색 오미자 · 도토리 · 당근 · 늙은 호박(또는 치자) · 쑥 · 물 적량

만드는 법

1. 참깨는 볶아서 곱게 빻아 설탕과 소금으로 간을 한다.
2. 녹두는 거피해서 삶은 후 체에 내려 설탕, 소금으로 간을 한다.
3. 오미자는 끓여 식힌 물에 담가 색을 우려 낸다(분홍색).
4. 도토리는 빻아서 물을 넣고 체에 걸러 가라앉혀 앙금을 얻는다(밤색).
5. 당근은 갈아서 면포에 싸서 물을 짠 다음 끓여 식힌다(주황색).
6. 늙은 호박은 푹 쪄서 굵은체에 내린다(노란색).
7. 쑥은 찧어 생즙을 낸다(쑥색).
8. 멥쌀가루에 3, 4, 5, 6, 7을 넣고 색깔별로 반죽하여 1의 깨고물과 2의 녹두고물을 넣은 다음 동그랗게 빚어 숟가락으로 돌려 가며 자국을 내어 국화 모양을 만든다.
9. 찜통에 솔잎을 깔고 쪄 낸다.

참고사항

국화송편은 쌀가루에 국화를 넣은 것이 아니라, 송편을 국화 모양으로 만든 것으로 모양과 맛이 뛰어난 홍성 지역의 향토음식이다.

인삼떡

재 료

찹쌀가루 1kg • 건미삼 50g • 조청 ½컵 • 밤 100g(10개) • 대추 20g(10개) • 감고지 100g • 호박고지 100g • 밤콩 100g • 검은콩 100g

만드는 법

1. 건미삼은 적당한 길이로 썰어 조청에 조린다.
2. 대추는 씨를 발라 내고, 밤은 속껍질까지 벗겨 반으로 썬다.
3. 감고지, 호박고지, 밤콩, 검은콩은 물에 불린다.
4. 찹쌀가루에 준비한 재료들을 모두 섞고 소금을 넣어 버무린다.
5. 4를 시루에 3cm 두께로 펴 담고 그 위에 한지를 덮어, 같은 방법으로 두 켜를 더 올린다.
6. 시루에 김이 새지 않도록 밀가루 시루번을 붙이고 쪄 낸다.

❋ 참고사항

아주 오랜 옛날부터 내려오는 금산 지방의 떡으로, 밭에서 수확한 인삼과 가을철에 많이 열리는 감을 이용해서 인삼떡을 쪄낸다.

해당화전

재 료

찹쌀가루 300g(3컵) • 물 100mL(½컵) • 해당화 · 소금 약간 • 식용유 적량

즙청액 설탕 1컵 • 물 200mL(1컵)

만드는 법

1. 찹쌀가루에 소금과 끓는 물을 넣고 익반죽하여 젖은 면포로 싸 둔다.
2. 1의 반죽을 떼어 지름 5cm, 두께 0.4cm로 동글납작하게 빚는다.
3. 분량의 재료로 즙청액을 만든다.
4. 팬에 식용유를 두르고 빚은 반죽에 해당화를 얹어 약한 불에서 지져 낸다.
5. 해당화전에 즙청액을 끼얹어 그릇에 담아 낸다.

출 처
태안군농업기술센터, 태안의 맛을 찾아서, 2003

떡

칠곡떡

재료

멥쌀가루 1kg(6⅔컵) • 검은콩 · 팥 · 동부 · 녹두 · 수수 · 물 적량

만드는 법

1. 멥쌀가루에 소금을 조금 넣고 물을 넣어 섞은 후 체에 내린다.
2. 잡곡은 물에 불려 놓는다.
3. 1의 멥쌀가루에 잡곡을 고루 섞어 시루에 넣고 찐다.

참고사항

일곱 가지 곡식을 쌀가루 반죽에 넣어서 찐다고 하여 칠곡떡이라고 했다.

정보제공자
권복순, 충청남도 부여군 은산면 홍산리

떡

호박송편(고지송편)

재료

멥쌀 1kg(5½컵) • 호박고지 200g • 팥고물 300g(2⅔컵) • 물 적량 • 소금 약간

만드는 법

1. 멥쌀을 깨끗이 씻어 불려 놓는다.
2. 호박고지는 물에 불려 불린 멥쌀과 소금을 약간 넣고 빻아 놓는다.
3. 2의 멥쌀가루를 익반죽하여 팥고물을 넣고 송편을 빚어 시루에 찐다.

정보제공자
김기자, 충청남도 예산군 신양면 차동리

호박고지떡

재료

멥쌀 800g(4½컵) • 호박고지 400g • 콩 100g(⅔컵) • 팥 100g(½컵) • 흑설탕 1컵 • 소금 약간

만드는 법

1. 멥쌀은 물에 불려서 소금을 넣고 빻는다.
2. 호박고지는 잘게 썰어서 흑설탕에 2시간 이상 재운다.
3. 콩과 팥은 물에 불려 놓는다.
4. 불린 콩과 팥은 젖은 상태에서 멥쌀가루와 호박고지를 함께 섞어 버무린다.
5. 4를 시루에 넣고 쪄 낸다.

참고사항

늙은 호박은 저장성이 좋기 때문에 썰어서 말렸다가 쌀과 함께 버무려 호박떡을 해먹으면 겨우내 부족하기 쉬운 비타민 A의 공급원으로 안성맞춤이다.

정보제공자
김춘환, 충청남도 태안군 태안읍 장산리

정과

인삼정과

재료

인삼(수삼) 4뿌리 • 설탕 6큰술 • 물엿 2큰술 • 꿀 1작은술 • 물 적량

만드는 법

1. 인삼(수삼)은 솔로 닦아 깨끗이 씻어서 푹 삶는다.
2. 냄비에 삶은 인삼을 넣고 인삼 삶은 물을 자작하게 부은 다음 설탕을 넣어(인삼 : 설탕 = 2 : 1) 서서히 조린다. 설탕물이 끓는 도중에 휘저으면 나중에 식었을 때 녹았던 설탕이 재결정되어 하얗게 엉기므로 젓지 않는다.
3. 설탕물이 반쯤 졸아들었을 때 물엿을 넣고 약한 불에서 계속 조린다. 이때도 역시 젓지 말아야 한다.
4. 설탕물이 거의 졸아들고 인삼의 빛깔이 발그레하면서 투명하게 윤기가 나면 꿀을 넣고 저어 건져 낸다. 꿀을 넣으면 윤기와 향기가 매우 좋아진다.

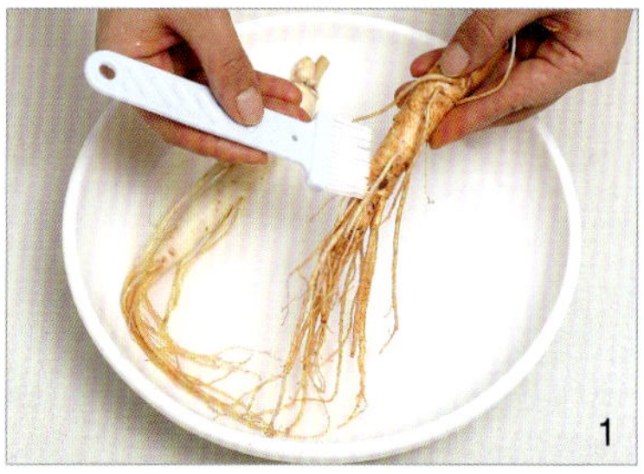
1

1

3

4

참고사항

인삼정과는 '인삼정과 없는 기생 첩방'이란 속담이 생길 정도로 예부터 남성의 양기를 위한 규방음식으로 전해 오고 있다.

출처
강인희, 한국의 맛, 대한교과서주식회사, 1993
농촌진흥청, 향토음식, www2.rda.go.kr/food, 2006

조리시연자
김찬화, 대전광역시 서구 월평동

고문헌
시의전서(人蔘정과), 조선요리제법(인삼정과)

유과

생강한과

재료

찹쌀 500g(5컵) • 생강 20g(5쪽) • 콩 60g(⅓컵) • 물엿 1컵 • 세반 3컵 • 물 100mL(½컵) • 소금 약간 • 식용유 적량

만드는 법

1. 찹쌀은 물에 담가 1주일 정도 삭힌다.
2. 삭힌 찹쌀을 깨끗이 씻어 빻아 체에 내린다.
3. 불린 콩과 생강에 물을 넣고 분쇄기에 갈아서 찹쌀가루에 섞어 반죽한다.
4. 반죽을 찜통에 안쳐서 찐 다음 절구에 넣고 치대어 밀대로 밀어 일정한 크기로 썰어 말린다.
5. 4의 반대기를 끓는 식용유에 넣어 튀겨서 물엿을 바르고 세반을 붙인다.

참고사항

생강한과는 찹쌀가루에 생강과 콩물을 섞어 반죽한 것으로, 생강의 향이 은은하게 나 독특한 맛을 즐길 수 있다.

정보제공자
이정연, 충청남도 부여군 은산면 은산리

구기자한과(산자, 강정)

재 료

찹쌀 600g(3⅔컵) • 청주 100mL(½컵) • 콩 1큰술 • 구기자가루 50g • 반죽물 200mL(1컵) • 검은깨 · 참깨 · 세반 적량

즙청액 설탕 150g(1컵) • 물 200mL(1컵) • 꿀 63g(3큰술)

만드는 법

1. 찹쌀은 깨끗이 씻어 1주일 정도 물에 삭힌다. 도중에 물을 갈아 주지 말고 골마지가 끼도록 그대로 둔다.
2. 찹쌀을 뽀얀 물이 없도록 말끔히 씻어 빻아서 체에 내린다.
3. 불린 콩에 물을 붓고 갈아서 연한 콩물을 만들어 찹쌀가루, 구기자가루, 청주와 함께 반죽해서 찜통에 찐다.
4. 찐 떡을 절구에서 꽈리와 실이 나도록 쳐서 얇게 펴 놓은 밀가루 위에 쏟아 밀대로 밀어서 약간 꾸덕꾸덕해지면 모양을 만들어 말린다.
5. 잘 말린(수분13~14%) 반대기를 110°C의 식용유에 담갔다가 160°C의 식용유에 튀겨 낸다.
6. 튀긴 한과의 기름이 완전히 빠지면 즙청액을 발라 세반을 묻힌다.

❁ 참고사항

- 『규합총서』에는 모양이 누에고치처럼 생겼다고 하여 '견병(繭甁)' 이라고도 하고, 또 다른 말로 '한구(寒具)' 라고도 하였다. 고려 때부터 잔치나 제사, 특히 세배상에 반드시 오르는 과자로 기록에 남아 있다. 『동국세시기』에서는 '오색 강정이 있는 설날과 봄철에 인가(人家)의 제물로 실과행렬(實果行列)에 들며, 세찬으로 손님을 대접할 때 없어서는 안 될 음식이다' 하였다. 『열양세시기』에서도 '인가에서는 제사음식 중 강정을 으뜸으로 삼았다' 고 하였다.
- 충남 청양 지방에서는 전통한과에 구기자가루를 넣어 반죽해 맛과 영양을 더했다.
- 청주는 한과를 부풀게 하며, 콩물은 연하게 넣지만 너무 많이 사용하면 한과가 부서진다.

정보제공자
신춘자, 충청남도 청양군 비봉면 관산리

엿강정

구기자쌀강정

재 료

쌀 · 대추채 · 구기자채 · 구기자가루 · 구기자순가루 · 물 · 식용유 · 물엿 · 설탕 적량

만드는 법

1. 물과 쌀을 8 : 2의 비율로 넣고 끓여 깨끗이 헹구어서 마지막 헹군 물에 소금을 넣어 간을 한 다음 쌀을 건진다.
2. 1의 끓인 쌀을 채반에 얇게 펴서 말린다.
3. 말린 쌀을 높은 온도의 식용유에 튀겨 낸다.
4. 물엿과 설탕을 3 : 1의 비율로 끓인 다음 구기자가루, 구기자순가루를 넣어 고루 섞는다.
5. 강정 틀에 대추채와 구기자채를 고명으로 깔고 4에 튀겨 낸 쌀을 버무린 것을 넣고 밀대로 밀어 굳힌 다음 적당한 크기로 썬다.

✽ 참고사항

강정은 축하용 고임상에 필수음식으로 쓰이고 정초에 세찬음식으로 쓰이기도 한다.

정보제공자
신춘자, 충청남도 청양군 비봉면 관산리

구절초엿

재 료

구절초 · 쌀 · 수수 · 엿기름가루 · 물 적량

만드는 법

1. 수수는 갈아서 물을 부어 삭혀 놓는다.
2. 구절초는 삶아 놓고, 엿기름가루에 물을 부어 주물러 체에 밭쳐 맑은 엿기름물을 만든다.
3. 구절초를 삶은 물로 쌀밥을 고슬고슬하게 짓는다.
4. 밥에 엿기름물을 붓고 삭혀 식혜를 만든다.
5. 수수를 삭혀 놓은 물과 식혜를 섞어 약한 불에서 오랫동안 끓여 걸쭉하게 농축시킨다.

참고사항

우리나라의 엿에 관한 기록은 이규보의 『동국여지승람』에 '행당맥락(杏餳麥酪)' 이 처음이다. 여기서 '당' 은 단단한 강엿이고, '낙'은 감주의 무리로서 이미 이때부터 엿기름을 이용한 엿이나 감주가 감미료로 쓰였다. 예부터 엿은 세찬을 만드는 데 필수적인 음식으로 겨울철이 되면 각 가정에서 엿을 만들어 상비하였는데, 가정이나 지방마다 독특한 방법과 지역 특산물을 이용한 엿들이 만들어지게 되었다. 전통적으로 엿을 크게 나누어 주재료로 무엇을 선택하느냐에 따라 찹쌀엿, 쌀엿, 고구마엿, 옥수수엿, 호박엿, 닭엿, 꿩엿 등이 있고, 엿의 물성에 따라 고는 과정에서 묽게 만든 물엿(조청)과 강엿으로 구분한다. 엿 만드는 법에 관한 기록은 조선시대 서울의 모습을 담은 『한경식략(漢京識略)』에 보면 식료품점인 '백당전'에서 엿을 팔았다는 기록이 있고, 1815년 『규합총서』에는 엿 만드는 법과 개성과 광주에서 밤엿이 생산되었다는 기록이 있다. 따라서 조선 후기에는 엿이 상품화되어 널리 퍼졌음을 알 수 있다. 만든 엿은 근친 갔던 새색시가 시가로 돌아올 때 함지박이나 석작, 동고리에 담아 이바지음식으로 가져갔다. 이밖에 옛날 역졸들이 역과 역 사이를 오갈 때 도시락 대신 강엿을 싸서 가지고 다녔다고 하며, '상사독서(上寺讀書)' 라 하여 절에 가서 과거 공부하는 자녀나 남편에게 엿을 고아 보내는 것이 조선시대의 관습이었다.

정보제공자
신현진, 충청남도 예산군 대흥면 금곡리

당(엿)

무릇고음

재 료

무릇 1kg • 쑥 300g • 물엿 500g(1⅔컵) • 생강 20g(5쪽) • 찹쌀가루(또는 밀가루) • 물 · 설탕 · 쌀뜨물 적량

만드는 법

1. 무릇을 깨끗이 씻어 솥에 넣고 살짝 삶아 처음 삶은 물은 버리고 다시 물을 부어 5일 동안 은근한 불에 조린다.
2. 물이 졸면 쌀뜨물을 솥의 가장자리 쪽으로 부어 가면서 조린다.
3. 쑥은 푹 삶아서 하루 정도 물에 담가 두었다가 물기를 꼭 짠다.
4. 무릇을 조린지 3일째 되는 날 물엿과 쑥을 넣어서 계속 조리며, 4일째 설탕으로 간을 맞추고, 5일째 찹쌀가루를 넣어서 익힌다.

❋ 참고사항

예전에는 구황식품으로 해먹던 것이 최근에는 건강식품으로 만들어 먹는다.

정보제공자
김준희, 충청남도 부여군 남면 내곡리

당(엿)

송화쌀엿(솔꽃쌀엿)

재 료

쌀 10kg • 엿기름가루 5kg • 송화 1kg • 구기자 100g • 물 적량

만드는 법

1. 쌀은 깨끗이 씻어 빻아 가루로 만든다.
2. 물 5L에 구기자를 넣고 삶아 구기자물을 만든 후 엿기름가루를 넣고 치대어 체에 밭쳐 엿기름물을 받아 놓는다.
3. 큰 솥에 쌀가루와 물을 넣고 덩어리 없이 잘 갠 다음 엿기름물 ⅓분량을 넣고 끓인다.
4. 3을 큰 그릇에 퍼내어 한 김 나간 다음 남은 엿기름물을 섞어서 솥에 넣고 약한 불에서 1~2시간 정도 끓인다.
5. 4를 면포에 싸서 다시 체에 밭쳐 처음에는 강한 불에서 끓이다가 나중에는 약한 불에서 끓인다.
6. 마지막에 송화를 넣고 버무려서 먹기 좋은 크기로 만든다.

정보제공자
임영순(전통식품명인지정 제11호), 충청남도 청양군 운곡면 광암리

보리식혜(보리감주, 보리단술)

재료

보리밥 630g(3공기) • 엿기름가루 120g(1컵) • 물 3L(15컵) • 누룩 ½컵 • 설탕 2컵

만드는 법

1. 엿기름가루를 물에 붓고 손으로 박박 주물러서 체에 밭쳐 손으로 비벼가며 물을 내린다.
2. 엿기름물을 가라앉힌 다음 윗물만 따라 놓는다.
3. 보리밥에 누룩을 넣고 여러 번 치댄 다음 엿기름물에 넣어 고루 섞는다.
4. 50~60°C 온도에서 하룻밤을 삭힌 후 밥알이 동동 뜨면 체에 걸러 설탕을 넣고 끓인다.
5. 식혀서 내 놓을 때 밥알을 넣어 낸다.

1

참고사항

- 식혜는 엿기름으로 밥알을 삭혀서 만들어 그릇에 담고 건져 두었던 밥알을 동동 띄우고 잣을 넣어 만들며, 다 삭은 것을 끓여서 밥알은 걸러 내고 물만 먹는 것을 감주라고 한다. 『우리나라 음식 만드는 법』에는 '식혜는 찹쌀로 하는 것보다 멥쌀로 하는 것이 더 부드럽다'고 하였으며 처음에는 꿀을 가미하였으나 『조선요리법』 이후부터는 설탕을 주로 사용하였다. 또 식혜의 색과 맛을 더해 주기 위해 유자, 석류, 대추, 밤 등이 사용되는데, 『수문사설』에 '유자의 껍질을 벗기지 않고 통째로 밥 속에 묻어 두면 맛이 향기롭고 밥알도 알알이 모두 온전하며 색깔이 희고 깨끗하며 달다'고 하였다.
- 보리단술은 쌀이 부족할 때 주로 보리밥을 많이 해먹던 시절에 식은 보리밥을 이용하여 단술을 만들었다. 새콤달콤하고 맛이 좋으며, 매미 우는 나무그늘 밑에 밀짚방석을 깔고 둘러앉아 뚝배기로 떠 먹었다.

3

4

4

정보제공자
김영월, 충청남도 예산군 신암면 별리
이계애, 충청남도 보령시 청라면 내현리

조리시연자
김찬화, 대전광역시 서구 월평동

음청

구기자차(구기자한방차)

재료

구기자 100g • 물 2L(10컵) • 대추 10g(4개) • 생강 10g(2쪽) • 계피 10g • 감초 10g • 꿀 ½컵

만드는 법

1. 구기자는 깨끗이 씻어 물기를 말려 살짝 볶은 후 대추, 생강, 계피, 감초를 넣어 물을 붓고 약한 불로 달인다(구기자를 볶으면 향과 맛이 좋아진다).
2. 끓기 시작하면 약한 불로 약 1~2시간 정도 달여 체에 밭쳐 건더기는 걸러 내고 꿀을 넣어 마신다.

❃ 참고사항

구기자나무는 전국의 들이나 냇가의 언덕에서 자라며, 요즘은 재배도 하여 약재시장에 많이 나와 있다. 한방에서는 구기자나무의 열매를 '구기자', 뿌리 껍질을 '지골피'라 하여 약재로 쓴다. 구기자차는 우리나라뿐만 아니라 중국이나 동양권에서 즐겨 마시는 차이다. 강장제로서 간과 신장을 보하고 당뇨병, 간장 질환을 비롯한 성인병의 예방과 치료에 좋다.

정보제공자

김용남, 충청남도 청양군 정산면 대박리

고문헌

산림경제(구기차 : 枸杞茶), 증보산림경제(구기차법 : 枸杞茶法), 조선무쌍신식요리제법(구기다 : 枸杞茶)

음청

길경차

재료

말린 도라지(길경) 10g • 감초 10g • 꿀 약간 • 물 적량

만드는 법

1. 길경과 감초를 깨끗이 씻는다.
2. 주전자에 1의 재료를 넣고 물을 부어 끓인다.
3. 끓기 시작하면 불을 줄여 뭉근하게 달인다.
4. 달인 다음 체에 밭쳐 찻잔에 따르고 꿀을 타서 마신다.

음청

대나무차

재료

대나무 20cm • 맥문동 100g • 물 1L(5컵)

만드는 법

1. 대나무는 2cm 길이로 토막 낸다.
2. 맥문동과 대나무를 각각 볶아 물을 붓고 끓여서 차를 만든다.

참고사항

- 맥문동은 돌이나 바위틈 어디서든지 잘 자라는 식물이다. 산이나 들에서 흔히 볼 수 있는데, 뿌리의 통통한 부분만을 말려 사용한다.
- 대나무는 성인병 예방과 치료에 탁월하며 정신을 맑게 해준다 하여 즐겨 먹었다.

정보제공자
권복순, 충청남도 부여군 은산면 홍산리

음청

맥문동차

재료

맥문동 50g • 물 1L(5컵)

만드는 법

1. 물에 맥문동을 넣고 중간 불에서 1시간 정도 달인다.
2. 달인 차를 식힌 다음 체에 면포를 깔고 걸러 불순물을 제거한다.

음청

보리미숫가루

재료

겉보리 500g • 물 · 꿀(또는 설탕) 적량

만드는 법

1. 겉보리를 팬에 볶아 분쇄기에 곱게 간다.
2. 물에 타서 먹거나 마른 가루를 직접 먹어도 된다. 식성에 따라 꿀 또는 설탕을 넣는다.

참고사항

보리미숫가루는 충남 예산의 공해 없는 지역에서 생산된 보리를 원료로 가공 처리한, 우리 고유의 맛과 향을 그대로 살린 전통식품이다.

정보제공자

최용수, 충청남도 예산군 신암면 조곡리

음청

송차

재료

솔잎 1.5kg • 물 10L • 설탕 6kg

만드는 법

1. 솔잎은 깨끗이 씻어 준비한 항아리에 담는다.
2. 끓는 물에 설탕을 넣어 끓인 다음 식혀서 1의 항아리에 붓는다.
3. 창호지로 봉해서 2~3개월간 서늘한 곳에 보관한다.
4. 솔잎은 건져 내고 송차만 따로 보관한다.

정보제공자
이도열, 충청남도 부여군 부여읍 저석리

음청

호박물

재료

늙은 호박 3kg(1개) • 팥 210g(1컵) • 물 적량

만드는 법

1. 팥은 깨끗이 씻어 일어 불려 놓고, 호박은 윗부분을 도려 내어 속을 긁어 낸다.
2. 불린 팥은 속을 파낸 호박 속에 넣고 물을 부어 찜통에 넣은 다음 중탕하여 팥이 푹 무를 때까지 삶는다.
3. 호박과 팥이 어우러진 물을 마신다.

참고사항

호박물은 산후 부기와 당뇨로 인한 부기에 효과가 있어 출산 후 몸조리를 하는 여성에게 많이 해주었다.

정보제공자
박명순, 충청남도 예산군 삽교읍 평촌리

음청

고추식혜

재 료

찹쌀 400g(2⅓컵) • 엿기름가루 200g(1¼컵) • 물 3L(15컵) • 청양고추 60g(4개) • 설탕 300g(2컵) • 잣 약간

만드는 법

1. 엿기름가루는 물에 풀어 윗물이 맑아질 때까지 3시간 정도 그대로 둔다.
2. 찹쌀은 고두밥을 지어 준비해 둔다.
3. 엿기름의 윗물을 가만히 따르고 남은 찌꺼기는 버린다.
4. 뜨거운 밥에 엿기름물을 섞어 고루 저은 후 청양고추를 함께 넣어 50~60°C 온도에서 하룻밤을 삭힌다.
5. 밥알이 삭아서 위에 떠오르면 밥알을 체로 건져서 냉수에 말끔히 헹궈 둔다.
6. 남은 물은 냄비에 붓고 설탕을 넣어 끓여서 식힌다.
7. 먹을 때는 차게 한 식혜국물에 따로 건져 놓은 밥알을 물기를 짜서 띄우고 잣을 서너 알씩 얹는다.

참고사항

식혜의 맛은 엿기름가루에 달려 있는데, 1800년대 말엽 『시의전서』에 엿기름 기르는 법과 함께 '밀 엿기름도 좋다' 고 하였고, 1913년 『조선요리제법』에는 '보리 싹은 제 몸의 길이만큼만 자라면 적당하다'고 하였다. 이렇게 만든 엿기름가루가 중요한 것은 그 속에 당화효소인 아밀라아제가 많이 있어서 당화작용이 일어나고, 생성된 말토오스는 식혜의 독특한 맛에 기여하기 때문이다.

정보제공자
한규섭, 충청남도 청양군 청양읍 정좌리

음청

약식혜

재료

창출 · 약쑥 · 구절초 · 육모초 · 우술 · 오갈피 · 엽나무 · 계피나무 · 참빗쟁이 · 으름나무 · 인동덩굴 · 머루덩굴 · 느릅나무 · 정금나무 약간 • 엿기름가루 230g(2컵) • 멥쌀 360g(2컵) • 설탕 2컵 • 물 3L(15컵)

만드는 법

1. 준비된 약재와 물을 솥에 넣고 푹 끓여 물이 충분히 우러나오면 건더기를 건져 내고 물만 따라 낸다.
2. 1의 물에 엿기름가루를 고루 풀어 윗물이 맑아질 때까지 3시간 정도 그대로 둔다.
3. 멥쌀은 깨끗이 씻어 3시간 이상 충분히 불린 후 찜통에 젖은 면포를 깔고 찐다. 찌는 도중에 물을 뿌려 위아래를 섞어서 고루 뜸이 들도록 한다.
4. 2의 윗물을 가만히 따르고 남은 찌꺼기는 버린다.
5. 뜨거운 쌀밥에 엿기름물을 섞어 고루 저은 다음 50~60℃의 따뜻한 온도에서 4시간 정도 삭힌다.
6. 밥알이 위로 떠오르면 냄비에 부어 끓여 설탕으로 간을 맞춘다.

참고사항

100여 년 전부터 보령에 전해 내려오는 음식으로 산동네 사람들의 건강유지법으로 활용되었다.

정보제공자

구재목, 충청남도 보령시 미산면 도흥리

구기자약주 (구기자술)

재 료

쌀 20kg • 누룩가루 15kg • 엿기름가루 2kg • 구기자 3kg • 지골피 1kg • 구기자잎 1kg • 물 적량

만드는 법

1. 불린 쌀을 물기를 뺀 후 시루에 넣어 고두밥을 짓는다.
2. 멍석을 깔고 고두밥을 펼쳐 가며 식힌다. 여름에는 완전히 식혀야 술이 쉬지 않으며 겨울에는 한 김만 나가게 한다.
3. 고두밥과 누룩가루를 섞고 구기자와 구기자잎, 지골피 삶은 물을 붓고 나머지 물을 넣어 고루 섞어 술독에 담근 후 엿기름가루를 넣어 손으로 잘 섞는다.
4. 5~6일간 27~30℃를 유지하여 발효시킨 후 20일 정도에는 15℃ 정도에서 발효되도록 숙성시킨다.
5. 용수를 박아 맑은 술을 떠낸다.

정보제공자
임영순, 충청남도 청양군 운곡면 광암리

고문헌
지봉유설(구기주(구기자)), 산림경제(구기주), 규합총서(구기자술), 부인필지(구기자술)

약술

재 료

창출 · 약쑥 · 구절초 · 익모초 · 우술 · 오갈피 · 엽나무 · 계피나무 · 참빗쟁이 · 으름나무 · 인동덩굴 · 머루덩굴 · 느릅나무 · 정금나무 약간 • 누룩 5kg • 쌀 8kg • 솔잎 1kg • 물 적량

만드는 법

1. 준비된 약재를 솥에 넣고 푹 끓여 물이 충분히 우러나오면 건더기를 건져 내고 물만 따라 낸다.
2. 시루에 술밥을 찌는데, 솔잎을 맨아래와 맨위에 깔고 찐다.
3. 술밥과 누룩을 고루 섞어 식힌다.
4. 3이 완전히 식으면 항아리에 넣고 1의 물을 붓는다.
5. 15~20℃에서 10~15일 정도 발효시켜 술이 익으면 용수를 박아 맑은 술을 떠낸다.

정보제공자
구재목, 충청남도 보령시 미산면 도흥리

한산소곡주

재료

찹쌀 30kg • 밀쌀(거피하지 않은 밀) 4kg • 엿기름가루 230g(2컵) • 콩 160g(1컵) • 들국화 · 마른 고추 약간 • 생강 약간 • 물 9L

만드는 법

누룩 빚기

1. 밀쌀은 찧은 뒤 물을 뿌려 가면서 반죽을 하는데, 주먹으로 쥐어서 보슬보슬하게 풀어질 만큼 되게 반죽한다. 이것을 꾸덕꾸덕해질 때까지 손으로 주무른 다음 누룩 고리에 담아 발로 디뎌서 성형을 한다.
2. 누룩을 띄울 때는 불을 때서 따뜻한 아랫목에 놓아 두고 가끔씩 뒤집어 주어서 골고루 뜨게 한다. 이렇게 20일을 계속하는데, 다 뜬 누룩은 가마니에 담아 한 달쯤 묵혔다가 술 담기 며칠 전에 햇볕에 바싹 말린다.
3. 이것을 절구에 넣고 매우 곱게 찧어서 다시 말리는데, 낮에는 햇볕에, 밤에는 이슬을 맞히길 3~4일하면 곱짠내(뜬내)가 없어진다.

밑술 만들기

4. 끓여서 식힌 물 9L에 누룩가루 2kg를 넣고 하룻밤 방치한 후 체로 걸러서 찌꺼기는 버리고 얻은 누룩물과 찹쌀로 흰무리를 만들어 식힌 후에 조금씩 떼어서 누룩 물을 함께 항아리에 넣고 나무주걱으로 잘 젓는다.
5. 따뜻한 아랫목에 뚜껑을 연 상태로 2~3일 두면 밑술이 부글부글 끓어오르면서 발효가 된다. 밑술은 흰무리가 많을수록 순하고 부드러운 맛의 소곡주가 되고 누룩이 많이 들어갈수록 독한 술이 된다.

덧술 만들기

6. 술 빚을 찹쌀 15kg, 누룩 2kg, 콩 1컵, 엿기름가루 2컵, 때에 따라서 생강, 고추, 들국화 등으로 덧술을 안친다.
7. 밑술의 발효가 끝나는 7일 후 찹쌀로 고두밥을 짓되 물 12.6L를 골고루 뿌려 준다. 고두밥은 완전히 차게 식혀서 준비된 항아리에 고두밥 한 켜, 누룩 한 켜, 엿기름가루 한 켜씩을 켜켜로 앉히고 가끔 메주콩을 한 켜씩 앉힌다.
8. 덧술 안치기가 끝나면 발효가 다 된 밑술을 솥에 넣고 팔팔 끓여서 덧술 앉힌 항아리에 쏟아 부은 후 서늘한 땅 속에 묻는데, 뚜껑을 덮지 않고 3일을 둔다. 뚜껑을 덮지 않는 이유는 덧술이 발효되면서 생기는 훈김이 다 빠져 나가야 술맛이 좋아지기 때문이다.
9. 3일 지난 후 훈김이 빠져 나가면 한지로 항아리를 봉하고, 뚜껑을 덮어 술독을 반쯤 땅에 묻어 100일가량 숙성시킨다. 땅 속에 묻은 지 3일째에는 술 바탕이 부글부글 끓어오르던

것이 멎으면서 가라앉은 상태로, 바탕이 마치 어른 손가락 굵기 정도의 골이 지고 술독 가장자리를 따라 약간의 테두리가 생긴다. 술바닥에 골이 지는 때를 같이하여 항아리를 한지로 봉한 다음 비로소 뚜껑을 덮어 저온 숙성에 들어간다.

참고사항

- 한산소곡주는 고려 때부터 내려온 널리 이름이 알려진 명주로 한산면 지현리 건지산 기슭의 우물과 이 지역에서만 제조가 가능한 토속주이다.
- 이 술은 '앉은뱅이술' 이라고도 하는데, 그 유래를 보면 며느리가 술맛을 본다고 시루 뚜껑을 열어서 젓가락으로 맛을 보다 보면 어느새 취해 버려서 일어서지도 못한 채 앉은뱅이처럼 엉금엉금 기어 다닌다고 하여 붙여졌다고 한다. 또 한양으로 과거를 보러가던 선비가 한산을 지나가다가 목을 축이려고 주막에 들러 미나리부침을 안주로 한 잔하고 두 잔째부터는 흥취가 돋아 시를 읊으며 달을 즐기다가 과거 날짜가 지나서 집으로 다시 갔다고 하여 붙여진 이름이라고도 한다.

출 처

농촌진흥청, 향토음식, www2.rda.go.kr/food, 2006

술

연엽주

재 료

멥쌀 7.2kg • 찹쌀 1.8kg • 연잎 500g • 솔잎 약간 • 누룩 4.5kg • 물 18L

만드는 법

1. 쌀을 깨끗이 씻어 하룻밤 담가 둔다.
2. 불린 쌀을 쪄서 누룩과 섞어 차게 식히고, 분량의 물을 끓여 식힌다.
3. 쪄서 식힌 쌀에 식힌 물을 부어 고루 섞는다.
4. 항아리 밑에 연잎과 솔잎을 깐 다음 3을 넣고 다시 연잎을 깐 다음 3을 넣어 켜켜이 위까지 넣는다.
5. 4를 18~23℃ 온도에서 여름에는 7~10일, 겨울에는 10~15일 정도 둔다.

정보제공자
이도열 스님, 충청남도 부여군 정각사

조리시연자
최황규, 충청남도 아산시 송악면 외암리

고문헌
주방문(연엽주), 산림경제(연엽주(연잎) : 蓮葉酒)

술

가야곡왕주

재 료

찹쌀 90kg • 누룩 230g • 말린 야생국화 100g • 구기자 100g • 참솔잎(5~6월경에 채취한 것) 100g • 참나무숯 약간 • 마른 고추 4개 • 물 150L

밑술(주모) 재료 찹쌀 7kg • 누룩 180g • 엿기름가루 30g • 물 10L

만드는 법

밑술 만들기

1. 찹쌀을 씻어서 12~15시간 정도 물에 담가 불린 다음 깨끗이 씻어서 소쿠리에 담아 물기를 뺀다.
2. 불린 쌀을 시루에 담아 불을 때고, 가마솥에서 김이 난 지 15분 정도 지나 뜸이 들면 불을 끈다.
3. 고두밥을 멍석에 널어 한 김 나간 후 누룩을 섞어 놓는다.
4. 술독을 깨끗이 세척한 후 독 안에 불을 피워 소독한다.
5. 3을 술독에 넣고 엿기름가루와 물 10L를 부어 잘 혼합한 다음 그늘에서 3~4일간 발효시켜 밑술을 만든다.

덧술 만들기

6. 찹쌀을 씻어서 12~15시간 정도 물에 담가 불린 다음 깨끗이 씻어서 소쿠리에 담아 물기를 뺀다.
7. 찹쌀을 시루에 담아 불을 때고, 가마솥에서 김이 난 지 15분 정도 지나 뜸이 들면 불을 끈다.
8. 고두밥을 멍석에 널어 한 김 나간 후 누룩을 섞어서 다시 멍석에 널어 완전히 식힌다.
9. 8에 밑술과 물을 술독에 붓는다.
10. 말린 야생국화, 구기자, 참솔잎을 곱게 빻아서 술독에 넣어 고루 섞는다.
11. 참나무숯(이물질을 없앰)과 마른 고추 3~4개를 띄운 다음 한지로 술독을 싸고 뚜껑을 덮어 밀봉한다.
12. 그늘(저온)에서 100일간 저장한다.

술

국화동동주(소곡주)

재료

멥쌀 8kg • 누룩 5kg • 물 8L • 국화 적량(술에 재워 놓은 것 사용)

만드는 법

1. 불린 쌀을 물기를 뺀 후 시루에 넣어 고두밥을 짓는다.
2. 1이 한 김 나간 후 누룩과 국화를 넣고 골고루 섞는다.
3. 2를 삼베주머니에 넣은 후 항아리에 넣고 물을 부어 7~10일간 둔다.
4. 술이 완성되면 주머니째 꺼내어 술을 걸러 낸다.

정보제공자
강복희, 충청남도 서천군 화양면 봉명리
송부섭, 충청남도 천안시 차암2동

고문헌
음식디미방(소국주), 산림경제(소국주 : 小麴酒), 증보산림경제(소국주 : 小麴酒), 규합총서(소국주(청주)), 부인필지(소국주)

술

솔잎동동주

재료

솔잎 · 쌀 · 누룩 · 고추 · 물 적량

만드는 법

1. 쌀은 물에 불려 솔잎을 시루 밑에 깔고 불린 쌀을 넣어 찐다.
2. 쪄진 술밥은 식혀서 누룩과 함께 섞는데, 밥과 누룩의 비율은 1 : 1로 한다.
3. 2를 항아리에 넣고 물을 부은 후 고추를 가장자리에 꼭 눌러 놓고 항아리의 온도를 맞추기 위하여 겨울에는 방안에 놓고 이불을 덮어 놓았다가 발효가 시작되면 이불을 열고 뚜껑도 약간 열어 둔다. 여름에는 시원한 곳에서 발효시킨다.

정보제공자
김현옥, 충청남도 예산군 대흥면 갈사리

술

금산고려인삼주

재 료

누룩 통밀 1.6kg • 건미삼 100g • 물 10L

밑술 현미 고두밥 1.2kg • 미삼(생것) 100g • 물 500mL(2½컵) • 누룩가루 300g

덧술 현미 찹쌀 10kg • 솔잎 100g • 약쑥 100g • 미삼(생것) 500g • 물 4L(20컵)

만드는 법

누룩 만들기

1. 통밀과 건조한 미삼을 빻아 가루로 내어 끓여서 식힌 물을 부어 반죽한다.
2. 1을 삼베로 싸고, 누룩 고리를 이용, 성형한 다음 그늘에서 건조시킨다. 이때 약쑥을 깔고 위를 덮어서 20~25℃ 방안에서 3개월 동안 띄운다. 하얗고 노란 곰팡이가 피면 발효가 끝난 것이다.
3. 발효된 누룩을 서늘한 곳에 두었다가 술 빚기 4~5일 전에 가루로 빻아 쓴다.

밑술 만들기

4. 식힌 현미 고두밥에 미삼과 누룩가루, 물을 넣어 고루 섞은 후 술독에 안쳐 잘 저어 준다.
5. 삼베를 덮고 20~25℃의 방에서 3일간 발효시킨다.

덧술 만들기

6. 현미 찹쌀을 잘 씻어 12시간 정도 불린 후 시루에 찹쌀 한 켜, 솔잎 한 켜씩 켜켜이 안쳐 고두밥을 찐 다음 펼쳐 식힌다.
7. 고두밥을 식혔다가 여기에 미삼과 약쑥을 넣고 밑술과 혼합한다.
8. 2를 새 술독에 안쳐 물 4L를 붓고 면포를 덮어 20℃ 실내온도에서 15~20일간 1차 발효시킨다.
9. 1차 발효가 끝나면 항아리를 밀봉하여 다시 40일간 2차 발효시킨다.
10. 다 익은 술은 항아리 안쪽으로 골이 지면서 술이 생기는데, 이때 용수를 박아 맑은 술을 받는다(이를 다시 체로 걸러 저온에서 30일 숙성시켜 약주로 마시기도 한다).

참고사항

- 우리나라의 기록에 인삼주(人蔘酒)가 처음 등장하는 것은 『임원십육지(林園十六誌)』이다. 가장 특별한 술로서 약용주(藥用酒)의 으뜸을 차지한다고 할 수 있는 인삼주는 중국의 처방서인 '천금방(千金方)'과 '천금익(千金翼)'에 '이주(萸酒)', '신선여수주(神仙延壽酒)', '고본하령주(固本遐齡酒)', '장춘주(長春酒)', '삼주(蔘酒)' 등 여러 이름으로 처음 등장한다.
- 고려인삼주는 맑은 죽염색의 빛깔과 향취가 좋아 더욱 미각을 자극한다. 맛은 부드럽고 담백하다.
- 쌀은 현미에 가까운 8분도 쌀로 가능한 한 영양소의 손실을 줄이고자 했으며, 인삼은 약효가 가장 뛰어난 5년근 이상의 미삼(尾蔘)을 사용한다.

두견주(면천두견주)

방법 1

재 료

찹쌀 8kg • 누룩 2kg • 두견화 9kg • 물 40L

만드는 법

1. 찹쌀 2kg은 고두밥으로 찐 다음 식혀 누룩과 섞은 후 밑술을 담근다.
2. 일주일 정도 지난 후 덧술을 만드는데, 나머지 찹쌀 6kg을 쪄서 식히고 잘 말린 진달래꽃과 섞는다.
3. 1과 2를 독에 넣고 섞어 실온 18~25°C에서 약 50일 정도 발효시킨다.
4. 발효가 끝나면 용수를 박고 맑은 술을 떠내 20~30일간 더 숙성시킨다.

방법 2

재 료

찹쌀 8kg • 누룩 2kg • 두견화 9kg • 물 40L

만드는 법

1. 찹쌀은 1주일 정도 물에 담근 후 고두밥을 쪄서 충분히 식힌다.
2. 술독에 물과 고두밥, 두견화, 누룩, 밑술을 잘 섞어 넣고 발효시킨다.
3. 발효 5~6일이 지나면 술독에 촛불을 넣어 보고 불이 꺼지지 않으면 술독을 밀봉하여 덮어 둔다.

참고사항

면천 두견주(杜鵑酒)는 술에 진달래꽃을 넣은 가향주로 보통 약주보다 담황갈색이 나고 달며 향취가 천하일품이다. 예부터 '백약지장(百藥之長)' 이라 하는데, 그 유래를 살펴보면 고려 때 개국공신 복지겸(卜智謙)이 원인 모를 병에 걸려 면천에서 휴양할 때 열일곱 살 난 딸 영랑이 아미산에 올라가서 백일기도를 드리는 중 신선이 나타나 '아미산에 핀 두견화와 찹쌀로 빚되 반드시 안 샘의 물로 빚어 100일이 지난 다음에 마시고 은행나무를 심어 정성을 드리면 나을 수 있다' 는 예시를 받고 그대로 하여 병을 고쳤다고 한다.

출 처
농촌진흥청 농촌영양개선연수원(현 농촌자원개발연구소), 한국의 향토음식, 1994

술

솔잎찹쌀동동주

재 료

솔잎 적량 • 찹쌀 14kg • 소주 1.8L • 누룩 9kg • 막걸리 10L • 설탕 1kg • 물 10L

만드는 법

1. 찹쌀을 5시간 정도 물에 불린 후 솔잎과 섞어 고두밥을 짓는다.
2. 1을 식힌 후 누룩과 고루 버무려 항아리에 담는다.
3. 2에 물, 소주, 막걸리, 설탕을 붓고 입구를 봉한다. 이때 내용물을 미리 자루에 넣으면 굳이 용수를 박을 필요가 없다.
4. 15~20일이 지나면 술이 된다.

정보제공자
김희순, 충청남도 천안시 성환읍 성환2리

술

수수동동주

재 료

수수 · 누룩 · 엿기름가루 · 물 적량

만드는 법

1. 수수를 씻어 삶아 갈은 후 엿기름물에 삭혀 누룩과 섞는데, 수수와 누룩을 1 : 1의 비율로 섞어 발효시킨다.
2. 3일 정도 되면 발효될 때 소나기 소리가 난다.
3. 발효가 다 끝나면 용수에 걸러 서늘한 곳에 보관한다.

정보제공자
김영숙, 충청남도 예산군 삼교읍 효림리

술

송순주

재 료

찹쌀 4kg • 멥쌀 1kg • 송순 400g • 누룩 1kg • 황곡 · 물 적량

만드는 법

밑술 만들기

1. 멥쌀을 깨끗이 씻어서 고두밥을 짓는다.
2. 쪄 낸 술밥에 누룩을 넣어 술을 앉힌다.
3. 춥지도 덥지도 않은 곳(15~16°C)에서 6~7일간 두면 밑술이 된다.
4. 밑술을 걸러서 소주를 내린다.

덧술 만들기

5. 송순을 10일 동안 그늘에서 말린 다음 가루를 낸다.
6. 찹쌀을 깨끗이 씻어서 고슬고슬하게 밥을 짓고 황곡을 넣고 섞어 놓는다.
7. 6에 송순가루를 넣고 15~16°C에서 13일간 발효시킨다.

완 성

8. 밑술에서 걸러진 소주를 덧술에 넣고 2~3개월 동안 숙성시킨 후 용수를 박아 맑은 술을 떠낸다.

출 처

농촌진흥청 농촌영양개선연수원(현 농촌자원개발연구소), 한국의 향토음식, 1994

고문헌

증보산림경제(송순주(소나무새순) : 松筍酒), 규합총서(송순주), 시의전서(송순주 : 松筍酒), 조선무쌍신식요리제법(송순주 : 松筍酒)

술

오미자주

재 료

멥쌀 250g(1⅓컵) • 누룩 50g • 오미자 250g • 물 500mL(2½컵)

만드는 법

1. 멥쌀은 물에 불려 씻어 건져 고두밥을 짓는다.
2. 1을 식혀 누룩과 섞어 물을 부어 발효시킨다.
3. 2를 솥에 끓여 고리를 얹고 소주를 내린다.
4. 소주를 내릴 때 오미자를 고리 끝에 헝겊을 묶어 증기가 내려 오는 곳에 두어 오미자물이 빨갛게 우러나게 한다.

참고사항

오미자는 돌이 많은 산기슭에 덩굴로 무성하게 자라는 나무로, 8~9월 가을에 그 열매를 따서 말린다. 우리나라 것이 특히 좋다고 하는데, 품질이 좋은 것은 말린 후에도 빛이 붉은색을 띠고 끈끈하다. 화채로 쓸 오미자는 붉은색이 나야 색이 곱게 우러나고, 여러 가지 맛이 조화되어 매우 신선하다. 오미자의 피육은 달고도 시며, 핵중은 맵고도 떫으며 또한 써서 합하면 오미라고 한다. 덜 익은 오미자는 빛깔이 곱게 우러나지 않으므로 빛깔이 붉고 과육이 많으며 첫서리를 맞아 붉게 잘 익은 열매를 따서 술을 만들면 오미자의 붉은색이 곱게 우러나서 빛깔이 아름답고 여러 가지 맛이 잘 조화되어 깔끔하고 신선한 느낌을 주는 우리나라의 전통주가 된다.

정보제공자
김경순, 충청남도 홍성군 서부면 이호리

참고문헌

■ 단행본

강인희. **한국의 맛**. 대한교과서주식회사. 1987.

김상보. **향토음식문화**. 신광출판사. 2002.

김수 저, 윤숙경 역. **수운잡방 주찬(1500년대)**. 신광출판사. 1998.

농촌진흥청 농촌생활연구소(현 농촌자원개발연구소). **소비자가 알기 쉬운 식품영양가표**. 2003.

농촌진흥청 농촌영양개선연수원(현 농촌자원개발연구소). **한국의 향토음식**. 1994.

농촌진흥청. **농촌 식생활 향상을 위한 식생활 평가시스템 개발연구 보고서**. 2000.

두산동아편집부. **두산 세계대백과사전**. 두산동아. 1999.

문화공보부 문화재관리국. **한국민속종합조사보고서(향토음식 편)**. 1984.

박금미 · 신승미 · 김동희 · 오미영 · 손정우 · 이숙미 · 안채경 · 김영숙. **한국조리**. 아카데미서적. 2001.

방신영. **조선요리제법**. 한성도서주식회사. 1942.

빙허각 이씨 저, 정량완 역. **규합총서**. 보진재. 1999.

뿌리깊은나무 편. **한국의 발견 충청남도**. 뿌리깊은나무. 1992.

사단법인 대한영양사회 · 삼성서울병원. **사진으로 보는 음식의 눈대중량**. 1999.

사단법인 한국영양학회. **한국인의 영양권장량 제7차 개정**. 2000.

석계부인 안동 장씨 저, 경북대학교 출판부 역. **음식디미방(경북대학교 고전총서 10, 1670년경)**. 경북대학교 출판부. 2003.

신승미 · 손정우 · 오미영 · 송태희 · 김동희 · 안채경 · 고정순 · 이숙미 · 조민오 · 박금미 · 김영숙. **한국 전통음식 전문가들이 재현한 우리 고유의 상차림**. 교문사. 2005.

에드워드 쉴즈 저, 김병서 · 신현순 역. **전통**. 민음사. 1992.

염초애 · 장명숙 · 윤숙자. **한국음식**. 효일문화사. 1999.

유중림 저, 윤숙경 역. **증보산림경제**(1765). 지구문화사. 2005.

윤덕인. **외식조리인을 위한 한국음식 이론 및 조리의 실제**. 관동대학교 출판부. 2005.

윤서석. **한국음식 – 역사와 조리**. 수학사. 1984.

윤서석. **한국의 음식용어**. 민음사. 1991.

이성우. **한국식경대전**. 향문사. 1981.

이성우. **한국요리문화사**. 교문사. 1999.

이수광 저, 남만성 역. **지봉유설(1614)**. 을유문화사. 1980.

이용기 저, 옛음식연구회 역. **조선무쌍신식요리제법(1924)**. 궁중음식연구원. 2001.

이효지. **한국의 음식문화**. 신광출판사. 2002.

저자 미상, 이효지 외 역. **시의전서(1800년대)**. 신광출판사. 2004.

전순의 저, 농촌진흥청 역. **산가요록(고농서국역총서 8)** (1449). 농촌진흥청. 2004.

전순의 저, 농촌진흥청 역. **식료찬요(고농서국역총서 9)** (1460). 농촌진흥청. 2004.

조신호 · 임희수 · 정낙원 · 이진영 · 조경련 · 김은미. **한국음식**. 교문사. 2003.

청양군농업기술센터. **청양의 맛**. 2000.

충청남도 농업기술원. **충남 향토음식 맛 기행**. 2005.

태안군농업기술센터. **전통음식의 맛 · 멋**. 1997.

태안군농업기술센터. **태안의 맛을 찾아서**. 2003.

한국관광공사. **향토음식 관광상품화 방안 – 경상북도 주요 향토음식**. 1993.

한국문화재보호재단. **한국음식대관 제1권**. 한림출판사. 1997.

한국정신문화연구원. **한국민족문화대백과사전**. 1991.

한국조리사중앙회 · 한국음식관광협회. **세계를 향한 자랑스런 한국음식 300선**. 2007.

홍만선 저, 민족문화추진회 역. **고전국역총서 산림경제 2권(1715)**. 민문고. 1967.

홍진숙 · 박란숙 · 박혜원 · 신미혜 · 최은정. **기초한국음식**. 교문사. 2007.

황혜성 · 한복려 · 한복진. **한국의 전통음식**. 교문사. 1990.

Peter Burke. **Popular culture in early modern Europe**. London. 1978.

■ 논문 및 학술지

고범석 · 강석우. **대구 지역 향토음식의 인식도에 관한 연구 – 대구 동인동 찜갈비를 중심으로**. 한국조리학회지. 10(4) : 15-30, 2004.

김귀영 · 이성우. **『주방문』의 조리에 관한 분석적 연구**. 한국식생활문학회지. 1(4), 1986.

김기숙 · 백승희 · 구선희 · 조영주. **『음식디미방』에 수록된 채소 및 과일류의 저장법과 조리법에 관한 고찰**. 중앙대학교 생활과학논집. 12, 1999.

김기숙 · 이미정 · 강은아 · 최애진. **『음식디미방』에 수록된 면병류와 한과류의 조리법에 관한 고찰**. 중앙대학교 생활과학논집. 12, 1999.

김미희 · 유명님 · 최배영 · 안현숙. **『규합총서』에 나타난 농산물 이용 고찰**. 한국가정관리학회지. 21(1), 2003.

김성미. **경북 지역 대학생의 전통음식에 대한 태도(Ⅰ) – 전통음식에 대한 평가, 이용도 및 라이프스타일과의 관계**. 한국조리과학회지. 16(1) : 27-35, 2000.

김성철. **지역축제의 향토음식 관광상품화에 관한 연구**. 한국조리학회지. 6(3) : 193-223, 2000.

김희선. **어업기술의 발전 측면에서 본 『음식디미방』과 『규합총서』 속의 어패류 이용 양상의 비교 연구**. 한국식생활문화학회지. 19(3), 2004.

민계홍. **향토음식에 대한 전북 지역 대학생들의 인지도 및 기호도에 관한 연구**. 한국조리학회지. 9(2) : 127-147, 2003.

박상욱. **대전 지역 대학생들의 전통음식에 대한 이용 및 의식조사**. 동아시아식생활학회지. 14(4) : 309-318, 2004.

배영동. **안동 지역 간고등어의 소비전통과 문화상품화 과정**. 비교민속학. 31 : 95-128, 2006.

손영진. **경기 지방 향토음식의 관광상품화를 위한 소비자 인지도 연구**. 경기대학교 석사학위논문. 2004.

신애숙. **부산의 전통 · 향토음식의 현황 고찰**. 한국조리학회지. 6(2) : 67-78, 2000.

오영준 · 김복일. **광주 · 전남 지역 향토음식의 관광상품화 방안에 관한 연구**. 관광정보연구. 2 : 195-226, 1998.

윤서석. **한국의 국수문화의 역사**. 한국식생활문화학회지. 6(1), 1991.

윤서석 · 조후종. **조선시대 후기의 조리서인 『음식법』의 해설 1**. 한국식생활문화학회지. 8(1), 1993.

윤서석 · 조후종. **조선시대 후기의 조리서인 『음식법』의 해설 2**. 한국식생활문화학회지. 8(2), 1993.

윤서석 · 조후종. **조선시대 후기의 조리서인 『음식법』의 해설 3**. 한국식생활문화학회지. 8(3), 1993.

윤숙경. **안동 지역의 향토음식에 관한 고찰**. 한국식생활문화학회지. 9(1) : 61-69, 1994.

윤은숙 · 송태희. **우리나라 향토음식의 인지도에 관한 연구**. 한국조리과학회지. 11(2) : 145-152, 1995.

이광자. **우리나라 문서에 기록된 찬물류의 분석적 고찰**. 한양대학교 석사학위논문. 1986.

이선호 · 박영배. **안동 지역 향토음식을 활용한 관광체험 프로그램 개발**. 한국조리학회지. 8(3) : 147-168, 2002.

이승진. **향토음식의 인지도 및 기호도**. 숙명여자대학교 석사학위논문. 2005.

이은욱. **조선 후기 식기 및 음식의 특색과 변화**. 이화여자대학교 석사학위논문. 2002.

이정철 · 남택영. **향토음식의 인지도 및 선호도에 관한 연구 - 천안 지역을 중심으로**. 관광정보연구. 24 : 1-22, 2006.

이효지. **『규곤시의방』의 조리학적 고찰**. 대한가정학회지. 19(2), 1981.

이효지. **『규합총서』, 『주식의』의 조리과학적 고찰**. 한양대학교 사대논문집. 1981.

이효지. **조선시대의 떡문화**. 한국조리과학회지. 4(2), 1988.

이효지 · 차경희. **『부인필지』의 조리과학적 고찰**. 한국식생활문화학회지. 11(3), 1996.

장혜진 · 이효지. **주식류의 문헌적 고찰**. 한국식생활문화학회지. 4(3), 1989.

정경희 · 신승미. **충남 내포 지역의 향토음식에 대한 대학생의 인지도 및 기호도 조사 연구**. 동아시아식생활학회지. 16(3) : 227-241, 2006.

진양호 · 김승희 · 김진영. **향토음식의 관광상품화 방안**. 문화관광연구학회지. 3(2), 2001.

차경희. **『도문대작』을 통해 본 조선 중기 지역별 산출식품과 향토음식**. 한국식생활문화학회지. 18(4), 2003.

차석빈 · 박건태. **약선을 이용한 천안 지역 향토음식개발 연구**. 관광레저연구. 15(2) : 9-22, 2003.

차석빈 · 임주환 · 이애자. **향토음식 메뉴개발에 관한 연구 - 천안 지역을 중심으로**. 외식경영연구. 3(2) : 211-229, 2000.

한억. **전통음식의 현대적 인식과 재창조**. 서울대학교 석사학위논문. 1996.

한억. **향토음식의 개발과 보급**. 식품과학과 산업. 27(2), 1994.

한재숙 · 한경필 · 성선향 · 조연숙 · 박경숙 · 김현옥 · 정종기. **전통음식에 대한 경북 지역 주부들의 의식 및 실태조사**. 동아시아식생활학회지. 10(6) : 480-494, 2000.

■ 웹사이트

네이버사전(두산백과). **100.naver.com/**. 2006

농촌진흥청. 향토음식. **www2.rda.go.kr/food**. 2006

찾아보기

한국의 전통향토음식 5 **충청남도**

■ 연구진

김행란 농촌진흥청 농업과학기술원 농촌자원개발연구소(연구총괄)
김양숙 농촌진흥청 농업과학기술원 농촌자원개발연구소
최정숙 농촌진흥청 농업과학기술원 농촌자원개발연구소
이인선 농촌진흥청 농업과학기술원 농촌자원개발연구소
지선미 농촌진흥청 농업과학기술원 농촌자원개발연구소
박홍주 농촌진흥청 농업과학기술원 농촌자원개발연구소
김태영 농촌진흥청 농업과학기술원 농촌자원개발연구소
이건순 한국농업대학 교수
신승미 청운대학교 교수
심순자 충청남도 농업기술원

■ 감 수

김상보 대전보건대학 교수
라순애 前 농촌진흥청 농촌생활연구소장

■ 그 외 도움 주신 분들

오정희 대전광역시농업기술센터
황의선 충청남도 농업기술원
고경미 태안군농업기술센터
김미연 홍성군농업기술센터
김재경 서천군농업기술센터
김현주 아산시농업기술센터
박미경 부여군농업기술센터
박상숙 논산시농업기술센터
박인숙 예산군농업기술센터
송금례 서산시농업기술센터
송미란 금산군농업기술센터
심화섭 당진군농업기술센터
이성옥 천안시농업기술센터
이효숙 공주시농업기술센터
조미숙 청양군농업기술센터
최인자 연기군농업기술센터
황명자 보령시농업기술센터(현, 계룡시농업기술센터)

한국의 전통향토음식 5

충청남도

2008년 5월 15일 초판 인쇄
2008년 5월 20일 초판 발행

기획 · 편집처 농촌진흥청 농업과학기술원 농촌자원개발연구소
기획 · 편집인 조 순 재
주소 경기도 수원시 권선구 서둔동 88-2
전화 031-299-0590~2
팩스 031-299-0553

제작 · 발행처 (주)교 문 사
제작 · 발행인 류 제 동
우편번호 413-756
주소 경기도 파주시 교하읍 문발리 출판문화정보산업단지 536-2
전화 031-955-6111(代)
팩스 031-955-0955
등록 1960. 10. 28. 제406-2006-000035호

홈페이지 www.kyomunsa.co.kr
이메일 webmaster@kyomunsa.co.kr

ISBN 978-89-363-0919-0 94590
ISBN 978-89-363-0914-5 94590(전10권)

잘못된 책은 바꿔드립니다.
*값 35,000원